Christof Baur/Bernd Thurner

Trainingsprogramm
Bauch Beine Po

Christof Baur/Bernd Thurner

Trainingsprogramm
Bauch Beine Po

Das Übungsbuch mit dem Dyna-Band

4

Inhaltsverzeichnis

Individuelles Training für die Bestform   32

Übung von Seite 129

Übung von Seite 64

Übung von Seite 93

Übung von Seite 112

Übung von Seite 141

Über dieses Buch

Sie möchten, dass Ihr Bauch endlich flach, Ihre Beine schlank oder Ihr Po knackig werden? Auch wenn Sie nur Ihre überflüssigen Fettpolster loswerden wollen – mit unserem Trainingsprogramm kann Ihr Wunsch Wirklichkeit werden. Dazu brauchen Sie vor allem den Willen, sich mehrmals die Woche sportlich zu betätigen. Ausgeklügelte Wunderdiäten oder spezielle Power-Geräte sind dagegen keineswegs nötig: Es genügt völlig, wenn Sie mit dem Dyna-Band üben. Allerdings: Mit fünf Minuten am Tag ist es auf keinen Fall getan, wenn Sie an Ihrer Figur ernsthaft etwas verändern wollen.

Was Sie erwarten können

Jeder kann (in dem durch seine Erbanlagen vorgegebenen Rahmen) die Figur erreichen, die er haben will! Wenn Sie sich dieses Ziel fest vorgenommen haben, hilft Ihnen dieses Buch bei der praktischen Umsetzung Ihrer Vorstellungen in den Alltag. Sie erhalten das theoretische Wissen und die Informationen, die Sie dazu benötigen.

■ Wir erklären Ihnen, wie es überhaupt zu »Problemzonen« kommt.

■ Wir zeigen Ihnen, wie Sie überschüssige Pfunde loswerden und wie Sie Ihre Figur durch ein Training mit dem Dyna-Band verbessern können. Und wir erläutern Ihnen, wie viel Zeit und Energie Sie aufwenden müssen, um diese Ziele tatsächlich zu erreichen.

Das lohnt sich für Sie in doppelter Hinsicht: Wenn Sie dieses Programm absolvieren, haben Sie nicht nur etwas für Ihre Figur, sondern auch etwas für Ihre Gesundheit getan. Übergewicht, falsche Ernährungsgewohnheiten sowie schwache oder einseitig trainierte Muskulatur verursachen nicht nur Figurprobleme, sondern stellen auch ein hohes Gesundheitsrisiko dar. Wir zeigen Ihnen, wie Sie diese Risiken in den Griff bekommen.

Die Basis – höherer Energieverbrauch

Nach einer Einführung über die Ursachen von »Problemzonen« folgen grundsätzliche Gedanken über die Rolle der Ernährung und des Trainings beim Abnehmen. Um unerwünschtes Gewicht abzubauen, müssen wir mehr Energie verbrauchen, als wir aufnehmen. Wir stellen die zwei Möglichkeiten vor, Problemzonen gezielt zu bekämpfen: nämlich das Ausdauertraining und das Muskelaufbautraining.

■ Im Kapitel »Schlank und fit durch Ausdauertraining« erfahren Sie anschließend alles Wissenswerte zum Thema Energieverbrauch und Fettabbau durch geeigneten Ausdauersport (→ Seite 22).

Um schlank zu werden, müssen wir überschüssiges Fett loswerden. Dabei hilft uns ein Ausdauertraining, das heißt ein gleichmäßiges, über einen längeren Zeitraum ausgeübtes Bewegungstraining, wie etwa das Walking oder Radfahren, oder ein entsprechend intensiveres Ausdauertraining über einen kürzeren Zeitraum. Die wichtigsten Ausdauersportarten werden kurz porträtiert, unter denen Sie mit Sicherheit auch die für Sie passenden finden.

Über das Muskelaufbautraining

Wenn Sie ein gezieltes Figurtraining durchführen wollen – am besten in Kombination mit regelmäßigem Ausdauertraining –, dann ist das folgende Kapitel besonders interessant für Sie (»Individuelles Training für die Bestform«, Seite 32). Wir sprechen wieder von zwei Grundpfeilern: Kraftausdauertraining und Muskelaufbautraining. Diese beiden Trainingsarten wenden wir in unserem praktischen Übungsteil an. Je nach Ihren individuellen Bedürfnissen ist das eine oder das andere Trainingsziel wichtiger für Sie. Aber nur in Kombination mit vernünftiger Ernährung und höherem Energieverbrauch durch Ausdauertraining erzielen Sie die gewünschten Ergebnisse.

Wir machen Ihnen Vorschläge für Ihr individuelles Trainingsprogramm – aber wo Sie den Schwerpunkt setzen, das bleibt Ihnen überlassen. Auf Seite 39 erfahren Sie, wie ein ausgewogener Trainingsplan aussehen könnte.

Der Trendsport Inline-Skating macht Spaß und verbessert die Koordination aller Muskelgruppen.

Der Übungsteil

Der Hauptteil dieses Buches (ab Seite 52) ist den praktischen Übungen, dem Muskeltraining mit dem Dyna-Band, vorbehalten. Zahlreiche Abbildungen helfen Ihnen dabei, die Übungsabfolge korrekt auszuführen.

■ Die Übungen werden den jeweiligen Muskelgruppen (z. B. Bauch-, Bein- oder Gesäßmuskeln) zugeordnet und steigen in ihrem Schwierigkeitsgrad schrittweise an – von leicht bis schwer. Sie sind jeweils mit dem Hinweis versehen, ob sie sich für Anfänger, Fortgeschrittene oder Könner und eher als Kraftausdauer- oder eher als Muskelaufbautraining eignen. Natürlich können Sie nach Ihren eigenen Bedürfnissen die Übungsfolgen aussuchen, wobei Ihnen die Übersicht auf Seite 49 hilft. Wichtig ist für ein ausgewogenes »Bodyforming«, wie wir es anstreben, jedoch immer eine gleichmäßige Belastung des Körpers und das Vermeiden einseitigen Trainings.

Damit die Traumfigur kein Traum bleibt

Allen Werbeversprechen zum Trotz steht früher oder später jeder von uns, der sich eine straffere Figur, mehr Fitness und eine bessere Ausstrahlung wünscht, vor der Tatsache, dass nur er selbst aktiv etwas dafür tun kann. In diesem Kapitel wollen wir Ihnen helfen, besser zu verstehen, wo eventuell Ihre Schwachstellen liegen. Was sind die Ursachen für die »Problemzonen« unseres Körpers? Wie kann eine vernünftigere Ernährung helfen? Und welches Trainingsziel wollen Sie sich selbst mit Hilfe dieses Buches setzen?

Wie Problemzonen entstehen

Wenn der Bauch zu dick, die Hüften zu ausladend oder die Beine zu voluminös sind, spricht man von »Problemzonen«. Das heißt, dass sich an der betreffenden Körperpartie zu viel Fett abgelagert und zu wenig Muskulatur aufgebaut hat. Sie vermuten richtig, wenn Sie die Ursachen dafür in einem einfachen Sachverhalt suchen: Zu viel Essen, zu wenig Bewegung! Die Bilanz zwischen der über das Essen aufgenommenen Energie und der verbrauchten Energie stimmt nicht mehr. Doch was ist, wenn sich die Traumfigur trotz Diät und intensivem Sport nicht einstellt? Es wird meist übersehen, dass im Grunde drei Faktoren zu so genannten »Problemzonen« führen: Neben der mangelnden Bewegung und der ungünstigen Energiebilanz sind dies auch die von den Eltern mitbekommenen Erbanlagen.

Unveränderliche Erbanlagen

Ob Sie groß, klein, stämmig oder zierlich sind, ob Sie lange oder kurze Beine, breite oder schmale Schultern haben: Der Körperbau ist in den Erbanlagen gespeichert und kann auf natürlichem Weg nicht verändert werden. Wenn Sie von Natur aus ein eher breites Becken haben, können Sie auch mit einer Diät oder intensivem Sport nichts daran ändern. Stattdessen sollten Sie eher daran arbeiten, Ihren Körper so, wie er ist, optimal fit, straff und schön zu erhalten.

Auch die Art und Weise, wie sich Fett bevorzugt ablagert, ist genetisch festgelegt. Bei manchen Menschen setzt es sich zuallererst an Bauch oder Hüfte ab. Bei anderen verteilt sich überschüssiges Fett auf den ganzen Körper und fällt somit weniger auf.

Das alles sind Dinge, die von außen nicht beeinflusst werden können. Dementsprechend kann ein Übungsprogramm nur in diesem Rahmen wirksam sein! Niemand kann sich über seine Erbanlagen hinwegsetzen.

Wenn die Energiebilanz nicht stimmt

Der häufigste Grund für die Entstehung von Problemzonen ist eine ungünstige Energiebilanz. Das heißt nichts anderes, als dass Sie durch die Ernährung zu viel Energie zu sich nehmen. Nährstoffe werden durch biochemische Abläufe im Körper in Energie umgewandelt. Dabei wird die Maßeinheit Energie in Joule bzw. Kilojoule angegeben; in Bezug auf Nahrungsmittel wird häufig der Begriff Kalorien oder Kilokalorien verwendet. Die überschüssigen Kalorien, die der Körper nicht in Energie umwandeln konnte, lagern sich als Depotfett im Unterhautgewebe ab, und es entsteht Übergewicht. Ob Ihre Energiebilanz günstig oder ungünstig ausfällt, hängt allerdings auch entscheidend davon ab, wie viel Energie Sie aktiv verbrauchen.

■ Ist die Energieaufnahme größer als der Energieverbrauch, dann nimmt auch das Körpergewicht zu.

■ Ist die Energieaufnahme genauso hoch wie der Energieverbrauch, bleibt das Körpergewicht gleich.

■ Ist die Energieaufnahme kleiner als der Energieverbrauch, sinkt das Körpergewicht.

Balance halten

Die Energieaufnahme spielt eine wichtige Rolle bei dem Versuch, Übergewicht abzubauen und Problemzonen zu verändern. Kein diesbezügliches Programm kann ohne eine entsprechende Änderung der Ernährung

Erfolg haben. Das heißt, es ist erstrebenswert, von vornherein weniger Energie, also weniger Kalorien, zu sich zu nehmen. Aber wirklich entscheidend ist, wie viel von der aufgenommenen Energie wir auch wieder verbrauchen.

Grund- und Leistungsumsatz

Beim Energieverbrauch kann der so genannte Grund- vom Leistungsumsatz unterschieden werden (siehe die Grafiken auf dieser und der folgenden Seite).

Der Grundumsatz ist die Energiemenge, die der Körper bei vollkommener Ruhe und in nüchternem Zustand zur Aufrechterhaltung der Lebensfähigkeit benötigt. Etwa 60 Prozent des Grundumsatzes werden allein für die Aufrechterhaltung einer konstanten Körperwärme benötigt.

Der Leistungsumsatz dagegen ist die Energiemenge, die für jegliche körperliche Tätigkeit (berufliche Tätigkeiten, Hausarbeit oder Sport) benötigt wird.

Warum Bewegung so wichtig ist

Bei einem Hochleistungssportler oder einem Schwerstarbeiter steigt der Leistungsumsatz.

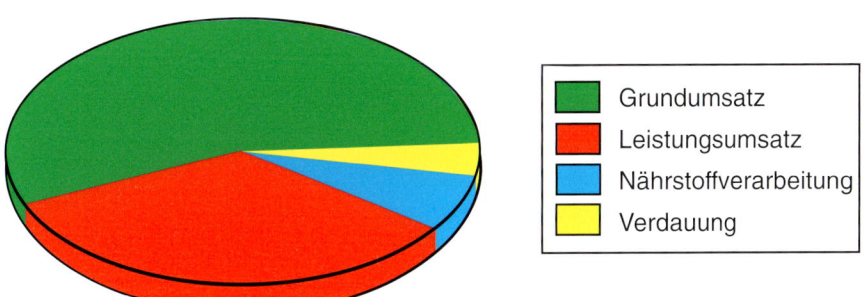

🟩	Grundumsatz
🟥	Leistungsumsatz
🟦	Nährstoffverarbeitung
🟨	Verdauung

Grafik 1 zeigt den Energieverbrauch bei geringer körperlicher Belastung, das heißt ohne ausgiebige sportliche Betätigung. (nach W. Buskies/W.-U. Boeckh-Behrens)

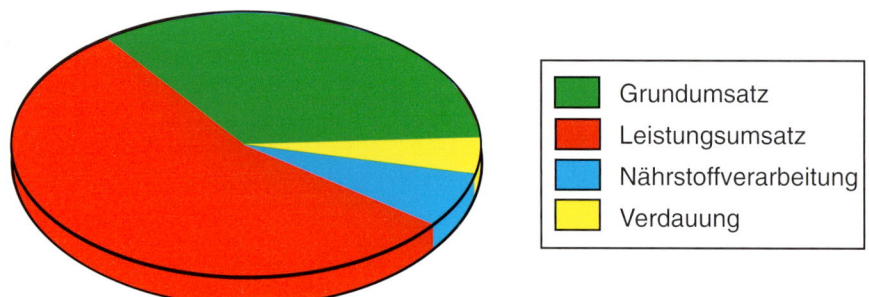

Grafik 2: Bei hoher körperlicher Bewegung steigert man den Leistungsumsatz und verbrennt dadurch mehr Energie. (nach W. Buskies/W.-U. Boeckh-Behrens)

Der gesamte Energieverbrauch könnte sich dann wie in Grafik 2 dargestellt zusammensetzen.

Bewegung und Sport haben also zwei wichtige Funktionen:

■ Durch zusätzlichen Energieverbrauch wird der Leistungsumsatz gesteigert.

■ Bewegung, die darauf abzielt, Muskulatur aufzubauen, kann dadurch auch den Grundumsatz erhöhen. Je mehr Muskelmasse vorhanden ist, desto mehr Energie wird auch in Ruhe, also ohne Bewegung, verbraucht. Auf diesen Zusammenhang kommen wir im Kapitel über das Muskelaufbautraining noch einmal zu sprechen.

Faustformel für Ihren Energiebedarf

Leider lässt sich der persönliche Energiebedarf nicht anhand einer einheitlichen Tabelle bestimmen. Folgender Gesamtenergiebedarf pro Tag dient als Orientierungswert bei leichter, vorwiegend sitzender Tätigkeit:

■ Für Frauen: 8400 bis 9200 Kilojoule bzw. 2000 bis 2200 Kilokalorien

■ Für Männer: 10000 bis 11000 Kilojoule bzw. 2400 bis 2600 Kilokalorien

Der darin enthaltene Grundumsatz für Frauen liegt im Durchschnitt bei 7000 Kilojoule pro Tag, der des Mannes bei etwa 8500 Kilojoule pro Tag. Ein Grund für diesen geschlechtsspezifischen Unterschied ist unter anderem der höhere Anteil stoffwechselaktiven Muskelgewebes beim Mann.

Der Energiebedarf erhöht sich bei vermehrter köperlicher Belastung. Mittelschwere körperliche Arbeit erfordert beispielsweise eine erhöhte Kalorienzufuhr von etwa 2500 Kilojoule pro Tag.

Schlüsselfaktor Ernährung

Im Rahmen der positiven Umgestaltung Ihrer Figur spielt Ihre Ernährung eine entscheidende Rolle. Nur wer sich mit hochwertigen Lebensmitteln ausgewogen ernährt und sich kein ungesundes Essverhalten, z. B. das gedankenlose Herunterschlingen von Übermengen erlaubt, kann sein Idealgewicht erreichen und es auf Dauer halten. Dabei ist eine bewusst gesündere Ernährung nicht so schwierig. Aber Hände weg von Sahnetorten, Erdnussflips, Hamburgern und Co. – anders geht es nicht!

Ideal- und Wohlfühlgewicht

Das Idealgewicht gewinnt in der heutigen Zeit zunehmend an Bedeutung. Das aktuelle Schönheitsideal ist der schlanke und fitnessorientierte Mensch. Dennoch sind allein in Deutschland etwa 30–40 Prozent der Gesamtbevölkerung übergewichtig. Fast jeder dritte Mann und jede zweite Frau über 50 Jahre leidet an Übergewicht. Schätzungsweise 10–30 Prozent der Kinder und Jugendlichen liegen bereits über dem Normalgewicht.

Welches Körpergewicht ist ideal?

Das eigene, subjektive Wohlempfinden ist ein wichtiger Maßstab in Sachen Körpergewicht. Das persönliche Wohlfühlgewicht lässt sich nicht in Kilogramm und Pfunde messen und definieren. Wer sich in seinem Körper wohlfühlt, hat eine entsprechende Ausstrahlung und Selbstbewusstsein. Das wiederum hat positive Auswirkungen auf die Psyche und soziale Kontakte.

Doch die eigene Einschätzung ist nicht immer hundertprozentig zuverlässig. Nur im Idealfall stimmt das als angenehm empfundene Körpergewicht mit den von den Gesundheitsinstituten jeweils empfohlenen Richtwerten überein.

Verschiedene Gewichtstabellen und Rechenformeln bieten eine realistische Orientierung. Der Bereich 10–25 Prozent über dem Normalgewicht wird im Allgemeinen als Übergewicht bezeichnet. Oberhalb dieser Grenze beginnt die so genannte Fettsucht (Adipositas). Ab 10 Prozent unterhalb des Normalgewichts spricht man andererseits von Untergewicht. In den Industrieländern ist diese Erscheinung häufig auf ein gestörtes Essverhalten (z. B. Magersucht, Ess- und Brechsucht) oder ein übertriebenes Schlankheitsbewusstsein zurückzuführen.

Der Body-Mass-Index (BMI)

Ein eventuelles Über- bzw. Untergewicht ermittelt man am besten mit dem Körpermasseindex (Body Mass Index, BMI). Sie können Ihren BMI ausrechnen oder grafisch anhand der untenstehenden Tabelle bestimmen.

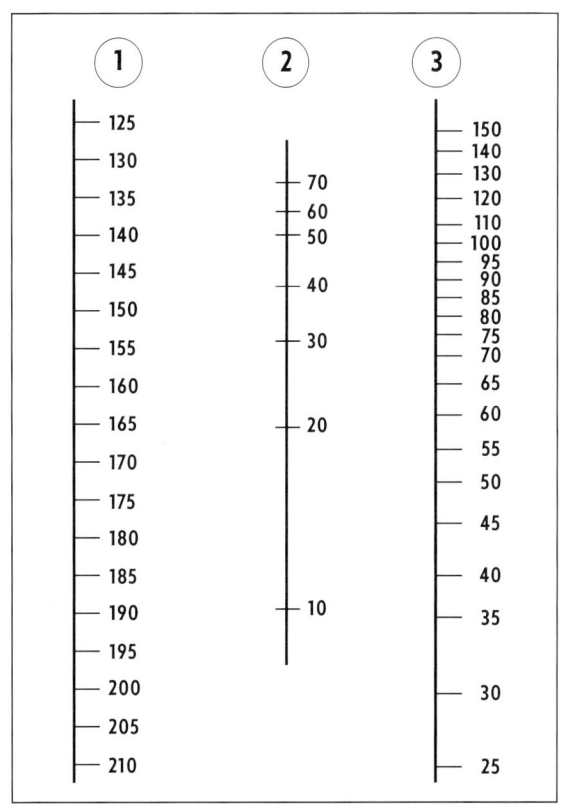

Grafik 3:
1 = Körpergröße in cm; 2 = BMI; 3 = Körpergewicht in kg (aus W. Buskies/W.-U. Boeckh-Behrens)

Grafische Bestimmung des BMI

Sie erhalten Ihren BMI-Wert mit Hilfe eines Lineals, indem Sie Ihr Körpergewicht (links in unserer Grafik) mit Ihrer Körpergröße (rechts) durch eine Linie verbinden. Die Schnittstelle mit der BMI-Achse zeigt Ihren persönlichen BMI-Wert. Dokumentieren Sie in regelmäßigem Abstand von mehreren Wochen die jeweiligen Ergebnisse, um so eventuelle Veränderungen erkennen zu können.

Rechnerische Bestimmung des BMI

Um den BMI auszurechnen, wird das Körpergewicht durch die ins Quadrat gesetzte Körpergröße (in Meter) geteilt. Die Formel heißt: Körpergewicht (kg) : [Körpergröße x Körpergröße (m²)] = BMI

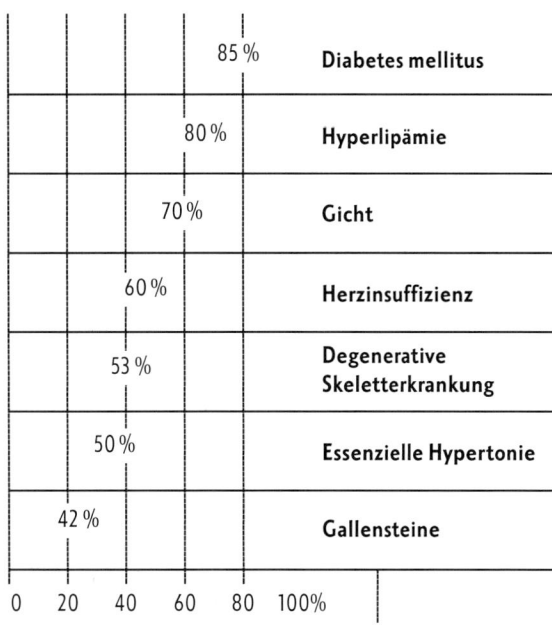

Grafik 4:
*Der Anteil der übergewichtigen Patienten bei den häufigsten »Zivilisationskrankheiten«.
(aus W. Buskies/W.-U. Boeckh-Behrens)*

Deutung des BMI-Wertes:

■ Unter 18: Sie haben Untergewicht; eine Gewichtszunahme ist zu empfehlen, um das Wohlbefinden und die Leistungsfähigkeit zu steigern.

■ 18–25: Sie haben Normalgewicht.

■ 26–30: Sie haben leichtes Übergewicht und sollten abnehmen, wenn bereits eine Krankheit vorliegt, wie z. B. Diabetes mellitus (Zuckerkrankheit), Bluthochdruck, Gicht oder eine Fettstoffwechselstörung.

■ Über 30: Eine Gewichtsreduzierung ist dringend anzuraten.

Beispiel:
Eine Person wiegt 80 kg und ist 1,85 m groß. 80 kg Gewicht geteilt durch 1,85 m x 1,85 m (= 3,4225) = 23.3
Die Testperson liegt im Bereich zwischen 18–25 und hat somit das empfohlene Normalgewicht.

Übergewicht als Gesundheitsrisiko

Übergewicht birgt eine Reihe von Gesundheitsrisiken, die Sie unabhängig von gängigen Schönheitsidealen berücksichtigen sollten. Wissenschaftliche Studien und Statistiken belegen die negativen Folgen überhöhten Körpergewichts. Adipositas ist vor allem dann gefährlich, wenn bereits ein bestimmtes Krankheitsbild existiert. Bei Kreislauferkrankungen, Diabetes mellitus (Zuckerkrankheit) oder hohem Blutfettspiegel werden die Symptome deutlich negativ verstärkt. Übergewicht macht sich besonders im internistischen und orthopädischen Bereich bemerkbar. Beeinflusst werden Herz, Kreislauf, Stoffwechsel und Gefäße. Folgen können z. B. die Erhöhung des Blutdrucks, des Cholesterinspiegels und des Harnsäurespiegels sowie ein verstärktes Infarktrisiko sein. Die Beeinträchtigung des Stütz- und Bewegungsapparates zeigt sich häufig durch vermehrte Wirbelsäulen- und Gelenksbeschwerden, insbesondere der Knie- und Hüftgelenke.

Der hohe Anteil der Übergewichtigen in den einzelnen Krankheitsgruppen (→ Grafik 4 auf der linken Seite) macht den Einfluss des Körpergewichts auf Ihre Gesundheit unmissverständlich klar.

Bei Diabetes mellitus (Typ-II-Zuckerkrankheit), Hyperlipämie (hohem Blutfettspiegel) und Gicht ist der Anteil der Übergewichtigen am höchsten. Bei der Essenziellen Hypertonie (Bluthochdruck), an der jeder fünfte Erwachsene leidet – meist ohne es zu wissen –, liegt der Anteil immerhin noch bei 50 Prozent.

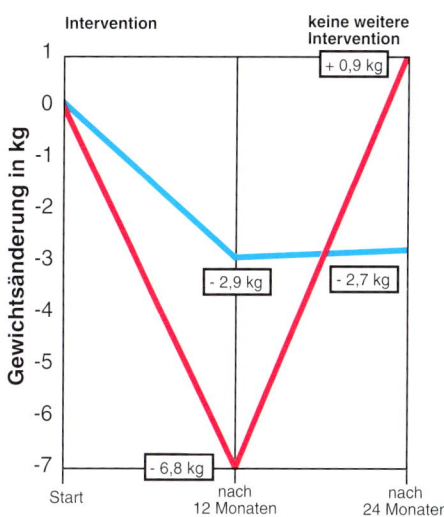

Grafik 5: Nur Diät hilft nicht: Ohne zusätzliche Maßnahmen, etwa ein Sportprogramm, nahmen die Testpersonen an Gewicht wieder zu (→ Seite 16). (aus Luczak, H., 1999)

Warum Diäten häufig scheitern

Ob aus gesundheitlichen oder ästhetischen Gründen: Viele möchten abnehmen. Immer neue Mode- und Wunderkuren versprechen sensationelle Gewichtsverluste. Auf den ersten Blick scheinen diese Versprechungen auch zuzutreffen. Bei genauer Betrachtung stellt sich allerdings heraus, dass die extreme Kalorieneinschränkung einer »Crash-Diät« die Stoffwechselaktivität verhindert, die Zusammensetzung der Körperstoffe aus dem Gleichgewicht bringt und das Muskelgewebe schwächt. Auf diese Weise erreichte Gewichtsverluste sind somit eher gesundheits-

schädigend, und der Erfolg ist nur von kurzer Dauer. Durch radikale Diäten bringen Sie Ihren Körper in eine Art Notzustand. Die Folge ist, dass nicht nur ungeliebte Fettpölsterchen verbrannt werden, sondern zum Teil auch körpereigenes Eiweiß in Form von Muskelgewebe. Trotz Gewichtsverlust kann dadurch der prozentuale Fettanteil höher sein als vor der Diät. Gewichtsabnahme sollte deshalb immer mit einem gezielten Muskelaufbautraining kombiniert werden.

Der Jo-Jo-Effekt

Durch plötzliche Reduzierung und Umstellung der Energiezufuhr schaltet außerdem der gesamte Organismus auf Sparhaushalt um und drosselt seinen Energieverbrauch. Nach Beendigung der Diät kehrt sich die Reaktion ins Gegenteil um: Der Körper versucht die abgebauten Substanzen im Sinne einer Überkompensation schnellstmöglich zu ersetzen. Das heißt, abgehungertes Fett wird stärker aufgebaut als vor der Diät! Dieses Phänomen wird Jo-Jo-Effekt oder Überlebenssyndrom genannt.

Wie Grafik 5 zeigt, gelingt es vielen Leuten mit entsprechend strenger Diät auch ohne zusätzliche körperliche Aktivität in einem Jahr einige Pfunde zu verlieren. Sie haben jedoch keinen Langzeiterfolg (rote Kurve). Sportlich Aktive erzielen dagegen weniger dramatische, aber konstant positive Ergebnisse (blaue Kurve). Das Fazit: Mit einer radikalen Einzelmaßnahme werden Sie es also nicht schaffen, Übergewicht dauerhaft abzubauen. Langfristiges, gesundes und erfolgreiches Abnehmen erreichen Sie nur durch Kombination von regelmäßigem Ausdauertraining, wie wir es im folgenden Kapitel besprechen, mit einer konsequenten Umstellung Ihrer Ernährung.

1 x 1 der guten Ernährung

Neben der Quantität muss vor allem die Qualität der Nahrung stimmen. Eine allgemein gültige und individuell richtige Ernährung zu definieren erweist sich als schwierig. Folgender Grundsatz gilt jedoch immer: Ihre Ernährungsweise sollte dem Bedarf angepasst und vollwertig sein. So muss sich die Nahrung eines körperlich geforderten Sportlers bzw. Arbeiters selbstverständlich anders zusammensetzen und die Energiezufuhr höher sein als bei einem Menschen, der acht bis zehn Stunden am Schreibtisch verbringt. Zum Kalorienbedarf vergleichen Sie bitte auch Seite 21. Der häufig

verwendete Begriff der Vollwertigkeit bezieht sich auf eine vollständige Versorgung mit lebensnotwendigen Nahrungssubstanzen, Mineralstoffen, Vitaminen und essenziellen (d. h. unentbehrlichen) Fettsäuren. Eine langfristig falsche Ernährung kann zu Mangelerscheinungen und somit zu Krankheiten führen.

Die wichtigsten Nährstoffe

Der menschliche Körper benötigt eine Reihe von Nährstoffen, um die verschiedenen Funktionen des Stoffwechsels zu erfüllen:

- Kohlehydrate und Fette zur Energiegewinnung
- Eiweiß, unter anderem als Bausubstanz für die Zellen zur Energiegewinnung
- Mineralstoffe (z. B. Kalzium, Phosphor) als Aufbauelemente
- Vitamine und Spurenelemente zur Steuerung des Stoffwechsels
- Ballaststoffe für regulierende Aufgaben im

Eine gute Verdauung ist wichtig für die positive Energiebilanz. Frisches Obst liefert die Ballaststoffe, die unseren Darm fit halten und unseren Stoffwechsel unterstützen.

Zucker- und Fettstoffwechsel sowie in den Bereichen Hunger, Sättigung und Darmtätigkeit
■ Wasser als Hauptbestandteil unseres Körpers und wichtiger Funktionsträger, unter anderem bei der Wärmeregulation (Schwitzen)
Die einfachste Art, einem Nährstoffmangel entgegenzuwirken, ist eine abwechslungsreiche Ernährung. Vollkornprodukte, Kartoffeln, Gemüse und Früchte dürfen dabei wegen ihres hohen Gehalts an Vitaminen, Mineral- und Ballaststoffen nicht fehlen. Zucker und Süßigkeiten sind dagegen absolut entbehrlich. Versuchen Sie hier, Ihren Verzehr möglichst einzuschränken.

Wie Sie sich ausgewogen und fettarm ernähren

Zu fetthaltiges Essen und zu hoher Alkoholkonsum sind häufig entscheidend beteiligt am Übergewicht. Sie enthalten die meisten Kalorien. Die Zahlen sprechen für sich.
■ 1g Fett enthält 38 kJ bzw. 9 kcal
■ 1g Alkohol 30 kJ bzw. 7 kcal
■ 1g Kohlehydrate 17 kJ bzw. 4 kcal
■ 1g Eiweiß 17kj bzw. 4kcal
Ein 200-ml-Glas Rotwein hat ungefähr 550 Kilojoule oder 130 Kilokalorien. Versuchen Sie daher, Ihren Alkoholkonsum einzuschränken und Ihre Ernährung fettarm zu gestalten. Die Grundnährstoffe Kohlehydrate, Eiweiß und Fett sollten in einem ausgewogenem Verhältnis aufgenommen werden.

Gemüse ist der ideale Nährstoff- und Vitaminlieferant. Es enthält kaum Fett und hat bei entsprechend schonender und natürlicher Zubereitung wenig Kalorien.

■ Nehmen Sie etwa 55–60 Prozent der Gesamtenergie in Form von Kohlehydraten auf und 10–15 Prozent als Proteine.
■ Der Fettverzehr sollte äußerstenfalls bei 30 Prozent der täglichen Kalorienmenge liegen – das sind bei einem durchschnittlichen Energiebedarf von 2400 Kilokalorien also 720 Kilokalorien.

Umsetzung in die Praxis

Sie müssen jetzt nicht anfangen, sklavisch Kalorien zu zählen. Aber diese 720 Kilokalorien hat man schneller zusammen, als man denkt, und ein geschärftes Bewusstsein für den Fettgehalt vieler Lebensmittel sei jedem empfohlen.
Ein besonders hoher, wenn auch weniger »offensichtlicher« Fettgehalt verbirgt sich z. B. in den meisten Käse- und Wurstsorten. Eine Bratwurst hat gut und gerne 1890 Kilojoule oder 450 Kilokalorien und enthält ca. 37 g Fett. Auch Kuchen und Knabbergebäck zählen zu den heimlichen »Übeltätern«:   Ein Stück

Stollen (100 g) enthält immerhin rund 22 g Fett und bringt 1730 Kilojoule bzw. 415 Kilokalorien. Kartoffelchips haben einen Fettgehalt von fast 40 Prozent. Sinnvoll ist eine Umstellung der Essenszubereitung. Fettsparende Gartechniken mittels Wok oder Tontopf sind zu empfehlen. Streich- und Bratfette sowie Öle sollten Sie nur sparsam verwenden. Bevorzugen Sie pflanzliche Fette, die einen hohen Anteil an ungesättigten Fettsäuren aufweisen (z. B. Distelöl und Sonnenblumenöl).

Grundregeln einer gesunden Ernährung

■ Vermeiden Sie einseitige Ernährung.

■ Keine Radikal-Diäten, sie führen zu Mangelerscheinungen und habe keine Langzeitwirkung (Jo-Jo-Effekt!, → Seite 15).

■ Achten Sie auf ein ausgewogenes Verhältnis von Kohlehydraten, Eiweiß und Fett. Der Fettverzehr sollte 30 Prozent nicht übersteigen! Kohlehydrate in Form von Kartoffeln, Brot, Reis und Nudeln dürfen dagegen nahezu bedenkenlos gegessen werden.

■ Essen Sie ballaststoffreich, also viel Obst und Gemüse, vor allem in unbehandeltem, rohem Zustand. Meiden Sie grob gesagt alles, was aus Dosen oder Tüten kommt! Fertiggerichte enthalten meist viel zu viel Fett. Ausnahme: Tiefkühlgemüse ohne Sauce.

■ Achten Sie auf versteckte Fette in Form von Torten, Saucen, Süßigkeiten, fetten Käsesorten, Fleisch- und Wurstwaren.

■ Mehrere kleinere Mahlzeiten am Tag sind sinnvoller als drei große, vorausgesetzt die Kalorienzahl bleibt gleich. So vermeiden Sie Leistungsabfall und Heißhunger, der häufig zu unkontrolliertem Essen führt.

Problemzonen gezielt entschärfen

Zeitschriften und Fernsehspots werben damit, man müsse nur zielgerichtete Übungen für die »Problemzonen« durchführen, um genau dort Fett abzubauen. Auch einige Fitnessstudios gaukeln dies ihren potenziellen Kunden vor. Doch das ist schlicht und einfach falsch! Punktuelles Abnehmen ausschließlich an bestimmten Stellen funktioniert nicht. Die Arbeit an jeder Problemzone kann immer nur Teil einer Beschäftigung mit der ganzen Figur sein, denn unser Körper ist ein großes Ganzes. Abnehmen heißt in erster Linie Abbau von Unterhautfettgewebe. Dieses Energiedepot des Körpers ist durch einen Energieüber-

Schöne Beine und eine gute Figur sind nicht nur »Glückssache«. Erhalten und verbessern Sie Ihre natürlichen Anlagen mit gezieltem Training.

schuss entstanden (zu viel Essen, zu wenig Bewegung). Der Abbau dieser Fettreserven wird zentral (!) gesteuert und hat nichts damit zu tun, welche Muskulatur belastet wird, sondern wie viel Energie dabei verbraucht wird. Wenn Sie also eine spezielle Übung für die Bauchmuskulatur machen, um dort – und nur dort – Fett abzubauen, ist das nutzlos. Der Energieverbrauch ist viel zu gering.

So schmilzt das Fettdepot dauerhaft

Um das Fett Ihrer »Problemzonen« wirksam abzubauen, sollten Sie dauerhaft Aktivitäten in Ihren Alltag einbinden, die sehr viel Energie verbrauchen. Ausdauertraining ist besonders effektiv, weil dabei über einen längeren Zeitraum viele Muskelgruppen aktiv sind und Energie benötigen. Wenn Sie also am Bauch abnehmen möchten, brauchen Sie keine Übung für die Bauchmuskulatur, sondern ein regelmäßiges, richtig dosiertes Ausdauertraining. Näheres zum Fettabbau durch Ausdauertraining erfahren Sie im folgenden Kapitel, in dem wir Ihnen Möglichkeiten für ein Ausdauertraining sowie Ausdauersportarten vorstellen. Denken Sie aber daran: Trotz allen Trainings kann es sein, dass Ihren genetischen Anlagen folgend das Fett am Bauch als Letztes abgebaut und alle anderen Bereiche des Körpers bevorzugt werden.

Außerdem: Muskelaufbautraining

Wenn jedoch zu viel Fett nicht Ihr Problem ist und Sie mehr daran interessiert sind, be-

stimmte Muskelgruppen hervorzuheben, kann Ausdauertraining allein Ihnen nicht helfen. Für einen knackigen Po, einen flachen Bauch oder straffe Beine brauchen Sie ein gezieltes Kräftigungstraining dieser Körperpartien. Das Training mit dem Dyna-Band, auf dem die Übungen unseres Buches basieren, ist ideal für den Muskelaufbau.

Ihre persönliche Zielsetzung entscheidet

Ein ausgewogenes Trainingsprogramm enthält sowohl Übungen zum Fettabbau als auch zum Muskelaufbau. Doch es hängt von Ihrer persönlichen Zielsetzung ab, ob Sie den Schwerpunkt stärker auf das eine oder andere Trainingsziel legen (→ Grafik 6). Ohne diese verstärkten Bemühungen geht es nicht!

In Kombination mit einer entsprechenden Ernährung ist das gezielte Training der einzige Weg, wie Sie Ihr Aussehen (im Rahmen Ihrer Anlagen) verändern und schlanker und fitter werden können.

Lassen Sie uns noch einmal zusammenfassen:

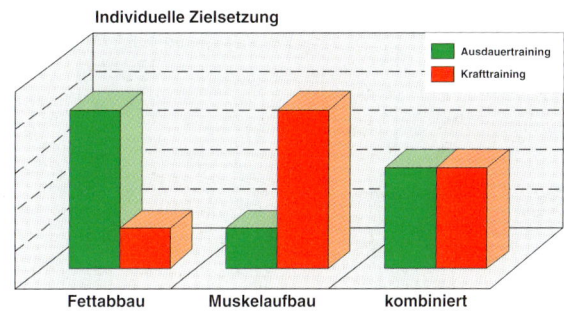

Grafik 6:
Unabhängig von Ihrer persönlichen Zielsetzung:
Ausdauer- und Krafttraining sollten sich stets ergänzen.

Dieses Ziel ist nicht mit fünf Minuten Training pro Tag zu erreichen. Es erfordert viel Zeit, Energie und Geduld. Einen anderen, bequemeren Weg gibt es nicht. Wenn Sie aber Ihre persönliche Zielvorstellung wirklich erreichen wollen, werden Sie es auch schaffen.

Langfristiger Erfolg bei der Bekämpfung Ihrer Problemzonen ist Ihnen sicher, wenn Sie die drei grundlegenden Methoden kombinieren:

1. Gesünder essen
2. Fettabbau durch Ausdauertraining
3. Muskelaufbautraining

Eine Strategie für den Alltag

In früheren Zeiten wurden selbst weite Wege zu Fuß oder bestenfalls mit dem Fahrrad zurückgelegt. Heute benützen wir schon für kürzeste Strecken das Auto. Statt Treppen zu steigen, nehmen wir lieber den Aufzug. Die Bequemlichkeit dominiert so sehr unser Leben, dass viele Menschen schon gar nicht mehr in der Lage sind, zehn Minuten am Stück zu joggen oder ohne Pause in den vierten Stock zu gelangen.

Oft hört man dann Klagen darüber, dass man ja »nicht mehr in Form« sei. Dabei wäre dem leicht Abhilfe zu schaffen, wenn wir es nicht schon von Kindheit an gewohnt wären, der Bewegung aus dem Weg zu gehen. Das Anti-Training beginnt bereits in der Schule. Von Schulkindern, deren Bewegungsdrang naturgemäß noch sehr ausgeprägt ist, wird erwartet, dass sie den ganzen Vormittag still sitzen. Darüber hinaus ist nicht selten das Erste, was aus dem Lehrplan gestrichen wird, die Sportstunde. In der Freizeit verführen dann das Fernsehen, Computer- und Videospiele zum Sitzen. Später verfestigt sich in Ausbildung, Studium und Beruf dieses Muster zumeist, wenn nicht gezielt etwas dagegen unternommen wird. Vor diesem Hintergrund fällt es den meisten Jugendlichen und Erwachsenen verständlicherweise nicht gerade leicht, aktiver zu werden und ihren Körper zu trainieren.

Mehr Energieverbrauch durch Bewegung

In der größten amerikanischen Langzeituntersuchung von Abnehmenden stellten Wissenschaftler fest, dass diejenigen, die mindestens 15 Kilo abgenommen hatten und das neue Gewicht längerfristig halten konnten, mindestens 2000 Kalorien pro Woche durch Bewegung verbrannten (Redener, 1999).

Das wollen wir dringend zur Nachahmung empfehlen. Ob Sie diese 2000 Kalorien durch Sport, Rasenmähen oder Tanzen abarbeiten, ist gleichgültig. Hauptsache, Sie tun es!

Umgesetzt in den Alltag bedeutet das: Sie benutzen für den täglichen Weg zur Arbeit nicht das Auto, sondern das Fahrrad. Der Weg dauert dann vielleicht nicht 10, sondern 20 Minuten. Bei einem Körpergewicht von 70 kg würden Sie auf diese Weise bereits einen zusätzlichen Energieverbrauch von circa 2000 kcal pro Woche erreichen.

Die nebenstehende Tabelle (aus Radlinger, 1998) zeigt den Kalorienverbrauch bei verschiedenen Tätigkeiten, immer in Bezug gesetzt zum Körpergewicht.

Langfristiger Erfolg braucht Geduld

So positiv sich die Alltagsstrategie auf den Organismus auch auswirkt – erwarten Sie keine Wunder! Sie allein wird nicht dazu führen, dass Sie innerhalb von drei Wochen fünf Kilo Gewicht verlieren und in kurzer Zeit unerwünschte Fettpolster abbauen.

Und auch der schnelle Erfolg, den Sie vielleicht mit einer Diät erreichen, sollte nicht Ihr Ziel sein. Viele Langzeitstudien haben nachgewiesen, dass ein durch Diäten sehr schnell verloren gegangenes Körpergewicht bald wieder erhöht ist (→ Seite 15). Erfolge in sehr kurzer Zeit sind nicht nur langfristig wirkungslos, sondern sogar ein Risiko für die Gesundheit. Ständige Gewichtsschwankungen stellen einen Risikofaktor für Herz-Kreislauf-Erkrankungen dar.

Ziel muss also eine dauerhafte Umstellung des Ernährungs- und Bewegungsverhaltens sein.

Kalorienverbrauch in Bezug zum Körpergewicht
(Verbrauch innerhalb von 10 Minuten)

Tätigkeit	Körpermasse in Kilogramm				
	unter 60	70	80	90	über 110
Sitzen	10	12	14	16	20
Hausarbeit	34	41	47	53	68
Treppensteigen, abwärts	56	67	78	88	111
Treppensteigen, aufwärts	146	175	202	229	288
Gehen (3 km/h)	29	35	40	46	58
Gehen (6 km/h)	52	62	72	81	102
Joggen (10 km/h)	90	108	125	142	178
Laufen (12 km/h)	118	141	164	187	232
Radfahren (10 km/h)	42	50	58	67	83
Radfahren (21 km/h)	89	107	124	142	178
Grasmähen mit Maschine	34	41	47	53	67
Grasmähen mit Hand	38	45	52	58	74
Holzhacken	60	73	84	96	121
Kegeln	56	67	78	90	111
Tanzen (mäßig)	35	42	48	55	69
Tanzen (intensiv)	48	57	66	75	94
Golf	33	40	48	55	68
Skilanglauf	98	117	138	158	194
Kraulschwimmen (langsam)	40	48	56	63	80

Schlank und fit durch Ausdauertraining

Problemzonen an Bauch, Beinen und Po entstehen also deswegen, weil überschüssige Energie in Form von Fett genau an diesen Stellen abgelagert wird. Dieses Fett baut sich nur dann wieder ab, wenn Sie ab sofort mehr Energie verbrauchen, als Sie zuführen.

Das Ausdauertraining

Ausdauertraining ist die wohl effektivste Möglichkeit, unerwünschtes Fett abzubauen. Der Grund dafür ist der sehr hohe Energieverbrauch während des Trainings. Wir stellen Ihnen zwei Methoden des Ausdauertrainings vor:

- Das so genannte Fettstoffwechseltraining
- Das intensive Ausdauertraining

Außerdem beschreiben wir die beliebtesten Ausdauersportarten.

Während des Trainings, wie auch bei jeder anderen körperlichen Belastung, kann Ihr Körper Energie aus zwei Quellen beziehen: Die eine Quelle sind Kohlehydrate, die andere Fette.

- Kohlehydrate sind für kurze und intensive Belastungen (schnelles Treppensteigen, Sprint zum Bus, Hochleistungssport) zuständig und nur in begrenztem Maße verfügbar.
- Fette dagegen sind für die langen, langsamen Aktivitäten zuständig. Sie liefern Energie beim Gehen, beim Stehen, bei normalem Laufen oder Radfahren und allen anderen körperlichen Tätigkeiten des Alltags. Um Missver-

ständnissen vorzubeugen: Die Menge an Energie, die aus Fetten gewonnen werden kann, ist auch bei schlanken Menschen nahezu unerschöpflich.

Fettstoffwechseltraining

Das Fettstoffwechseltraining ist die einzige Trainingsart, bei welcher Ihr Körper bereits während der Belastung Fett abbaut. Bei allen anderen in diesem Buch beschriebenen Trainingsmethoden wird Fett erst nach der Belastung vermehrt abgebaut.

Den Fettstoffwechsel ankurbeln

Um beim Fettstoffwechseltraining den optimalen Effekt zu erzielen, ist Folgendes zu beachten:

- Die Intensität der Belastung, also der Grad der Anstrengung, muss sehr gering sein.
- Die Belastung muss von relativ langer Dauer sein.

Dagegen ist eine kurze Belastungsdauer bei geringer Intensität völlig nutzlos.

Viele Menschen hält von gezieltem Ausdauertraining das Vorurteil ab, man müsse sich »beim Sport« immer maximal anstrengen. Beim Fettstoffwechseltraining ist das Gegenteil der Fall. Je mehr Sie sich anstrengen, umso schlechter. Hier ist eine möglichst gleichmäßige und nicht zu große Anstrengung das Ziel. Das klassische Beispiel wäre ein langsamer Dauerlauf. Ein Fettstoffwechseltraining ist also ideal für alle, die einfach Spaß an der Bewegung haben wollen.

Belastung richtig dosieren

Das Fettstoffwechseltraining sollte mindestens 60 Minuten dauern. Bis dahin wird der Körper erst einmal Kohlehydrate verbrennen, da das der leichtere Weg ist, um an Energie zu kommen und er diese Form der Energiegewinnung bei plötzlichen Anstrengungen auch gewohnt ist. Erst nach etwa 60 Minuten werden vermehrt Fette zur Energiegewinnung herangezogen. Nach oben sind der Belastungsdauer fast keine Grenzen gesetzt. Mehrere Stunden Training können durchaus Ihr Ziel sein!

Sie werden sagen: Um Gottes willen, wie soll ich drei Stunden Ausdauertraining aushalten? Ganz einfach: Der Grad der Anstrengung, die so genannte Belastungsintensität, muss sehr gering sein. Haben Sie schon einmal eine mehrstündige gemütliche Radtour mit Freunden oder der Familie unternommen? Genau davon reden wir!

Die optimale Herzfrequenz ermitteln

Die Belastungsintensität lässt sich beim Ausdauertraining leicht durch die Herzfrequenz (= Anzahl der Herzschläge pro Minute) kontrollieren. Je höher die Herzfrequenz, desto mehr Energie wird aus Kohlehydraten bezogen, je niedriger die Herzfrequenz, desto mehr Energie aus Fetten. Der Übergang ist fließend. Unsere Tabelle zeigt Ihnen den maxi-

Optimale Herzfrequenz beim Fettstoffwechseltraining					
Alter	Ruhepuls pro Minute				
	50	60	70	80	90
20	140	144	148	152	156
25	137	141	145	149	153
30	134	138	142	146	150
35	131	135	139	143	147
40	128	132	136	140	144
45	125	129	133	137	141
50	122	126	130	134	138
55	119	123	127	131	135
60	116	120	124	128	132
65	113	117	121	125	129
70	110	114	118	122	126

malen Wert, den Sie nicht überschreiten sollten. Er bezieht sich auf Ihr Alter und Ihren Ruhepuls. Den Ruhepuls ermitteln Sie, indem Sie Ihren Puls morgens nach dem Aufwachen messen (zehn Sekunden die Schläge zählen und diese Anzahl mal 6 nehmen).

Wählen Sie unter den aufgeführten Ruhepulsen (50, 60, 70, 80, 90) denjenigen, der dem Ihren am nächsten kommt. Auf der linken senkrechten Achse finden Sie Ihr Alter. Nun können Sie Ihren obersten Wert ablesen.

Ein Beispiel:
■ Sie haben einen Ruhepuls von 70 gemessen. Sie sind 30 Jahre alt.
Ihr oberster Wert (die Herzfrequenz, die Sie beim Training nicht überschreiten sollten) beträgt also 142.

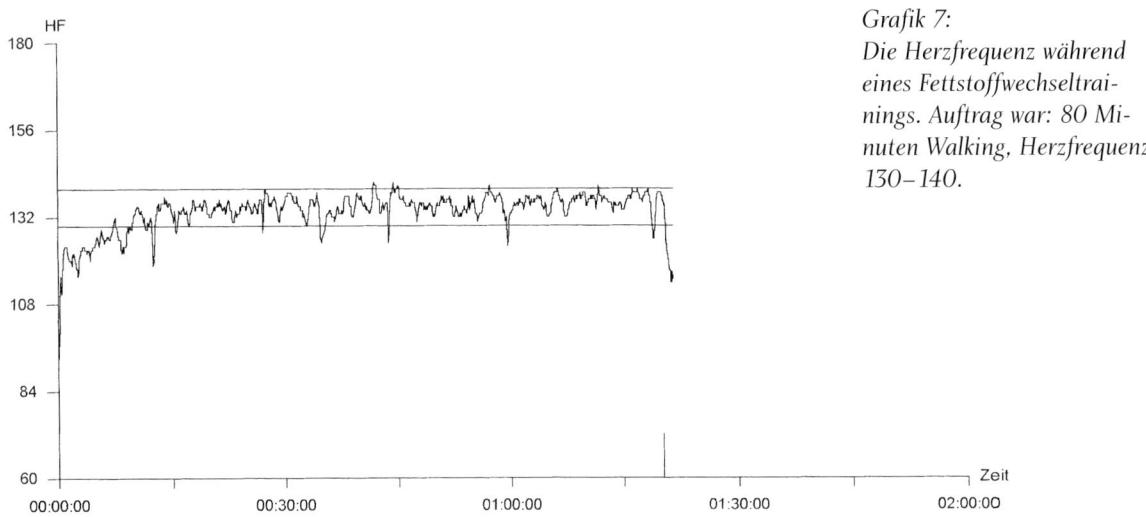

Grafik 7:
Die Herzfrequenz während eines Fettstoffwechseltrainings. Auftrag war: 80 Minuten Walking, Herzfrequenz 130–140.

Kontrolle auch während des Trainings

Um die Herzfrequenz während des Trainings zu kontrollieren, unterbrechen Sie es kurz für zehn Sekunden. Messen Sie in diesen zehn Sekunden Ihren Puls mit zwei Fingerkuppen nahe des Kehlkopfs an der Halsschlagader. Multiplizieren Sie die Anzahl der Pulsschläge mit sechs und Sie erhalten die aktuelle Herzfrequenz (Schläge pro Minute).

Beim Vergleich mit dem obersten Wert der Tabelle auf der vorhergehenden Seite können Sie leicht feststellen, ob Sie Ihren Wert überschritten haben und Ihre Belastung eventuell verringern müssen, um den Fettstoffwechsel zu optimieren.

Noch einfacher geht es mit einem Herzfrequenz-Messgerät. Damit kann die Herzfrequenz während des Trainings ständig kontrolliert werden. Bei Überschreiten der vorher eingegebenen Obergrenze gibt das Gerät einen Warnton von sich. Herzfrequenz-Messgeräte sind in jedem Sportgeschäft ab etwa 150 DM erhältlich.

Testen Sie Ihre Ausdauer

Wir stellen Ihnen einen Ausdauertest vor, den Sie leicht selbst durchführen können. Absolvieren Sie diesen Walkingtest als Eingangscheck, bevor Sie mit Ihrem Trainingsprogramm beginnen. Zum einen erfahren Sie so, wie es um Ihre Ausdauer momentan bestellt ist, zum anderen haben Sie die Möglichkeit, Ihren Test in regelmäßigen Abständen zu wiederholen und daraus neue Motivation zu schöpfen.

Bei allen Ausdauertests spielt die Herzfrequenz eine wichtige Rolle. Am exaktesten können Sie Ihren Puls mit einem elektronischen Herzefrequenz-Messgerät bestimmen; wenn Sie mit der Hand messen, brauchen Sie eine Uhr mit Sekundenanzeiger.

Für den Walkingtest müssen Sie sich eine zwei Kilometer lange, möglichst ebene Gehstrecke suchen.

Sie brauchen während der Tests eine Stoppuhr und für danach einen Taschenrechner.

Durchführung

Das Ziel ist eine schnellstmögliche Bewältigung der zwei Kilometer langen Strecke: Gehen Sie zügig, ohne dabei zu laufen, das heißt, es dürfen nicht gleichzeitig beide Füße vom Boden abgehoben werden. Setzen Sie dabei auch Ihre Arme ein. Folgende Werte müssen erfasst werden (aus Bös, 1996):

- Exakte Gehzeit (Minuten, Sekunden)
- Puls unmittelbar nach zwei Kilometern
- Relatives Körpergewicht (=Körpergewicht in Kilogramm geteilt durch die Größe in Metern im Quadrat)
- Lebensalter

Berechnung der Walking-Test-Ergebnisse

	Männer	Frauen
Berechnen und addieren Sie folgende Einzelwerte:		
Gehzeit (Minuten)	x 11,6 =	x 8,5 =
(Sekunden)	x 0,2 =	x 0,14 =
Belastungspuls	x 0,56 =	x 0,32 =
Relatives Körpergewicht	x 2,6 =	x 1,1 =
(Zwischensumme)		
Subtrahieren Sie von dieser Summe:		
Alter (Jahre)	x 0,2 =	x 0,4 =
(Zwischensumme)		
Subtrahieren Sie diese Zwischensumme von	420	304
Walking-Test-Index		

Auswertung

Beurteilung	Walking-Test-Index
sehr gut	> 130
gut	111 – 130
mittel	90 – 110
schwach	70 – 89
sehr schwach	> 70

Intensives Ausdauertraining

Beim Fettstoffwechseltraining bestand der Trainingseffekt darin, Ihrem Körper beizubringen, während einer lang andauernden körperlichen Belastung mehr Fett zur Energiegewinnung zu nutzen und zu verbrauchen.

Dagegen hat ein schnelleres, intensives Ausdauertraining zur Folge, dass während der Belastung mehr Kohlehydrate und weniger Fette verbrannt werden. Dabei ist die verbrauchte Energiemenge pro Stunde wesentlich höher. Keine andere Trainingsvariante verbraucht in derselben Zeit mehr Energie. Ein weiterer Vorteil ist, dass Ihr Körper nach diesem Training in einer Art »Nachbrennereffekt« die Fettreserven angreift.

Das intensive Ausdauertraining ist ideal für Menschen, die wenig Zeit für ein Bewegungsprogramm haben oder wenig Zeit investieren wollen.

Ein Nachteil besteht allerdings darin, dass ständiges Training in diesem intensiven Bereich schnell zu einer Überlastung und zu Verletzungen führen kann.

Die Trainingsdauer sollte daher auch für Fortgeschrittene 60 Minuten nicht überschreiten. Anfänger beginnen mit 20–30 Minuten. Die optimale Intensität der Belastung lässt sich wiederum durch die Herzfrequenz steuern.

Optimale Herzfrequenz beim intensiven Ausdauertraining

Alter	Ruhepuls pro Minute				
	50	60	70	80	90
20	170	172	174	176	178
25	166	168	170	172	174
30	162	164	166	168	170
35	158	160	162	164	166
40	154	156	158	160	162
45	150	152	154	156	158
50	146	148	150	152	154
55	142	144	146	148	150
60	138	140	142	144	146
65	134	136	138	140	142
70	130	132	134	136	138

Unsere Tabelle zeigt Ihnen den optimalen Wert.

Beispiele:

■ Ein 20 Jahre alter Mann mit einem Ruhepuls von 50 hat einen maximalen Wert von 170.

■ Eine 45-jährige Frau (Ruhepuls 70) hat einen maximalen Wert von 154.

Wie wir im Folgenden sehen werden, eignet sich nicht nur das Laufen zum intensiven Ausdauertraining, sondern auch andere Sportarten wie Radfahren oder Skilanglauf.

Das Leistungsplateau

Wie intensiv Sie Ihr Ausdauertraining betreiben wollen, bleibt letztlich Ihrer Entscheidung – und Ihrer Kondition – überlassen.

Jeder wird nach einer gewissen Zeit ein so genanntes »Leistungsplateau« erreichen, wo keine Steigerung mehr möglich ist. Wenn Sie merken, dass Sie sich bei der bisher eingehaltenen Trainingseinheit – also z. B. eine gewisse Entfernung beim Laufen in einer bestimmten Zeit – unterfordert fühlen, Sie diese Anstrengung im wahrsten Sinne des Wortes »kalt« lässt, dann ist es höchste Zeit, auf eine größere Entfernung oder ein schnelleres Tempo umzusteigen. In anderen Worten, Sie müssen die Trainingsbelastung von Zeit zu Zeit Ihrer verbesserten Ausdauer anpassen.

Wie steht es um das Durchhaltevermögen?

Wie motiviert man sich immer wieder zum regelmäßigem Training? Lesen Sie zu diesem Thema die Seiten 40 bis 42.

Aber auch die Wahl der richtigen Sportart ist wichtig. Schließlich sind wir nicht alle gleich veranlagt. Der eine braucht ein bisschen mehr »Action«, der andere bewegt sich gerne in der Gruppe, der nächste möchte dabei nachdenken und seine Ruhe haben. Wir stellen Ihnen im Folgenden einige der besten Ausdauersportarten vor, um Ihnen die Entscheidung zu erleichtern.

Die besten Ausdauersportarten

Sie haben zwei verschiedene Arten des Ausdauertrainings kennen gelernt: das Fettstoffwechsel- und das intensive Ausdauertraining. Jetzt müssen Sie sich nur noch für eine Sportart entscheiden, auf die Sie Ihr theoretisches Wissen anwenden können. Es gibt eine ganze

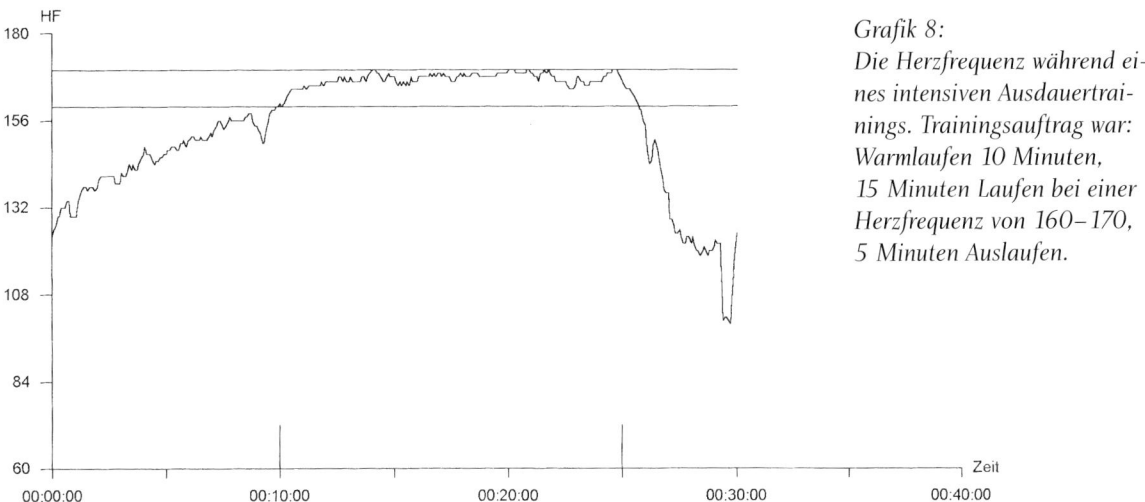

Grafik 8:
Die Herzfrequenz während ei-
nes intensiven Ausdauertrai-
nings. Trainingsauftrag war:
Warmlaufen 10 Minuten,
15 Minuten Laufen bei einer
Herzfrequenz von 160–170,
5 Minuten Auslaufen.

Reihe von Bewegungsformen, die sich für beide Formen des Ausdauertrainings eignen. Im Folgenden geben wir Ihnen einen Überblick über die Vor- und Nachteile der beliebtesten Ausdauersportarten.

Aerobic

Mit Musik geht alles besser – bei Aerobic ist Musik sogar ein Muss. Schon deshalb hat die rhythmische Tanzgymnastik einen hohen Spaßfaktor. Viele motiviert es zusätzlich, in einer Gruppe unter Gleichgesinnten zu trainieren.
■ Vorteile: Optimales Koordinationstraining, da verschiedene Bewegungsabläufe aufeinander abgestimmt werden müssen. Aerobic kann man zu Hause machen – mit entsprechenden Anleitungen, z. B. auf Videokassetten, aber die Teilnahme an einem Kurs ist sicher noch empfehlenswerter, wenn Sie die korrekten Bewegungsabläufe lernen möchten.

■ Nachteile: Wer in einen Studio-Kurs geht, zahlt meist hohe Mitgliedsbeiträge; auch das Dosieren der Belastung auf individuelle Bedürfnisse ist in der Gruppe schwierig.

Inline-Skating

Neben einem hohen Spaßfaktor sind die unbestreitbaren Vorteile des Gleitens auf Gummirollen die gute Dosierbarkeit der Belastung und die sehr geringe Belastung der Gelenke.
■ Vorteil: Kürzere Strecken kann man auf Tempo, längere bei geringerer Geschwindigkeit ruhig und gleichmäßig fahren.
■ Nachteile: Skates sind nicht gerade billig. Zudem ist man abhängig vom Vorhandensein geeigneter Straßen und Plätze oder asphaltierter Wege. Die Unfallgefahr sollte man nicht unterschätzen; das Tragen von geeigneten Knieschützern und einem Helm ist anzuraten.

Eine prima Ergänzung zum Training mit dem Dyna-Band ist das Schwimmen. Es macht Spaß, strafft Haut und Bindegewebe und steigert die Motivation.

Radfahren

Optimal für ein Fettstoffwechseltraining ist das Radfahren. Es macht Spaß, ist für »Einzelkämpfer« ebenso gut geeignet wie für Gruppen und Familien. Auch Übergewichtige und Menschen, die schon lange keinen Sport mehr gemacht haben, können gut Radfahren.

■ Vorteile: Radeln schont die Gelenke. Wie auch beim Joggen können Sie Tempo, Dauer und Schwierigkeitsgrad selbst bestimmen und die Belastungsintensität an der optimalen Herzfrequenz orientieren.

■ Nachteile: Sie sind stärker abhängig von der Witterung, von Straßen und Verkehr. Bei einem nicht gut angepassten Lenker kann die Wirbelsäule ungünstig belastet werden.

Jogging

Das Joggen ist für Menschen jeder Altersstufe gut geeignet. Durch den gleichzeitigen Einsatz vieler Muskelgruppen hat es einen hohen Trainingseffekt. Allerdings lässt sich die Belastung für Anfänger (Einsteiger) schlechter dosieren, das Laufen strengt bei geringer Kondition stark an. Anfänger sollten die Belastung langsam steigern und sich stets an den optimalen Herzfrequenz-Werten orientieren, die wir Ihnen für das Fettstoffwechseltraining auf Seite 23 und für das intensive Ausdauertraining auf Seite 26 angegeben haben.

■ Vorteile: Joggen kann man mit nur wenig Aufwand zu jeder Zeit und an jedem Ort. Die Kosten sind gering. Ein Paar gute Laufschuhe kann man ab DM 150,- erwerben.

■ Nachteile: Joggen belastet die Gelenke.

Schwimmen

Die Trainingsintensität beim Schwimmen lässt sich ausgezeichnet dosieren. Es ist ein Sport, den man wunderbar alleine ausüben kann. Die einzige Abhängigkeit besteht im Vorhandensein öffentlicher Bäder oder geeigneter Seen; die Kosten sind gering. Für Senioren, Schwangere, Übergewichtige oder Personen mit Gelenkschäden ist Schwimmen der Ausdauersport der Wahl. Durch den Aufenthalt im Wasser werden alle Gelenke entlastet.

Skilanglauf

Hervorragende Trainingseffekte erzielt man mit dem Skilanglauf, da bei dieser Sportart fast alle Muskelgruppen arbeiten. Neben dem erholsamen Aufenthalt in der Natur bietet Skilanglauf noch weitere Pluspunkte.

■ Vorteile: Sehr geringe Belastung der Gelenke und sehr gute Dosierbarkeit der Belastung.

■ Nachteile: Die Anschaffungskosten für Ski und Ausrüstung schlagen ebenso auf der Negativseite zu Buche wie die Tatsache, dass man in der Regel längere Anfahrtsswege zu den Loipen in Kauf nehmen muss und dass der schöne Sport leider auf die Wintersaison mit entsprechenden Witterungs- und Schneeverhältnissen beschränkt bleibt.

Triathlon

Schwimmen, Radfahren, Laufen – das Sporterlebnis total bietet Triathlon. Es ist die Herausforderung schlechthin für Ihre Kondition und findet immer mehr Anhänger.

■ Vorteil: Triathlon verspricht einen optimalen Trainingseffekt durch die Kombination verschiedener Ausdauersportarten.

■ Nachteil: Mit einem intensiven Triathlontraining ist ein hoher zeitlicher Aufwand verbunden.

Walking

Das Gehen mit forciertem Armeinsatz ist in den letzten Jahren auch bei uns in Mode

Bewegen Sie sich so oft wie möglich an der frischen Luft! Das bringt rasch neuen Sauerstoff ins Blut, härtet ab und entspannt Körper, Geist und Seele.

gekommen. Beim Walking werden die Gelenke weniger belastet. Man kann im Grunde immer und überall walken, und auch die Ausgaben beschränken sich in erster Linie auf gute Laufschuhe.

■ Vorteil: Gerade Anfänger können die Belastung gut dosieren.

■ Nachteile: Unter Umständen können Sie das Walking als monoton empfinden. Und je besser trainiert Sie sind, desto weniger fordert Sie das Walking. In diesem Fall ist das Joggen die bessere Alternative.

Ausdauersportarten auf dem Prüfstand

Die nachstehende Tabelle soll Ihnen die Entscheidung für die eine oder andere Sportart, die Sie zum gezielten Ausdauertraining einsetzen können, erleichtern. Die Bewertung erfolgte vor allem im Hinblick auf Anfänger und weniger Geübte.

Bewertung der Sportarten zum gezielten Fettabbau-Training								
	Jogging	Rad-fahren	Schwimmen	Walking	Inline-Skating	Skilang-lauf	Aerobic	Triathlon
Effektivität	2	3	2	2	3	1	2	2
Fettstoffwechseltraining	3	1	3	1	1	1	4	1
Belastungsdosierung	2	1	2	2	1	1	3	1
Orthopädische Belastung	4	2	1	1	1	1	3	2
Spaßfaktor	3	2	3	3	1	2	1	3
Zwischennote Training	2,8	1,8	2,2	1,8	1,4	1,2	2,6	1,8
Abhängigkeit	1	2	4	1	2	5	5	2
Finanzieller Aufwand	2	2	1	1	3	4	4	5
Unfallgefahr	1	2	2	1	4	2	2	2
Zwischennote Organisation	1,3	2,0	2,3	1,0	3,0	3,7	3,7	3,0
Gesamtnote	2,3	1,9	2,2	1,5	1,9	2,0	3,0	2,2

1=sehr gut geeignet / 2=gut geeignet / 3=geeignet / 4=bedingt geeignet / 5=ungeeignet

Tabellenschlüssel

Dies sind die wichtigsten Kriterien für oder gegen eine Ausdauersportart.

■ Effektivität

Je mehr Muskelmasse bei einer Sportart eingesetzt wird, desto intensiver wird das Herz-Kreislauf-System belastet und desto geringer ist der Zeitaufwand, um einen bestimmten Energieverbrauch zu erreichen. Radfahren erfordert zum Beispiel mehr Zeit als Jogging, um die gleiche Kalorienmenge zu verbrauchen (→ Seite 21). Der Grund: Beim Jogging werden mehr Muskelgruppen belastet.

■ Fettstoffwechseltraining

Um während des Trainings die optimale Fettverbrennung zu erreichen, ist eine lange Belastungsdauer bei gleichzeitig geringer Anstrengung nötig. Das ist bei bestimmten Sportarten besser (Radfahren, Walking), bei einigen anderen schlechter (Jogging, Schwimmen) möglich.

■ Belastungsdosierung

Um sowohl Fettstoffwechseltraining als auch intensives Ausdauertraining durchführen zu können, sollten innerhalb einer Sportart niedrige und hohe Belastungen möglich sein.

Joggen stellt z.B. für den Anfänger in der Regel immer eine hohe Belastung dar. Eine lang andauernde Belastung mit gleichbleibend geringer Intensität ist hier kaum möglich, beim Radfahren dagegen schon.

■ Orthopädisches Risiko
Bewertet werden die Belastung für Wirbelsäule, Knie- und Hüftgelenke. Nur wenige Sportarten sind unbedenklich für Patienten mit bestehenden Gelenkproblemen. In Zweifelsfällen sollten Sie vorher immer erst Ihren Arzt um Rat fragen.

■ Spaßfaktor
Viele Menschen haben an einem Training in der Gruppe oder mit Musik mehr Freude als bei einsamen Joggingrunden. Für den nächsten Fitnessliebhaber bedeuten genau diese Einsamkeit und Ruhe eine wichtige Ablenkung vom Alltagsgeschehen. Und wieder andere haben eine fröhliche Jogging-Gemeinschaft, mit der sie sich regelmäßig treffen. Der Spaßfaktor ist also stark von persönlichen Vorlieben abhängig. Entsprechend subjektiv fällt die Wertung aus.

■ Abhängigkeit von äußeren Bedingungen
Bewertet wird die Abhängigkeit von äußeren Bedingungen wie der Witterung, was z.B. auch die Schneeverhältnisse im Winter betrifft, oder dem Vorhandensein von Bädern und Kursangeboten.

■ Finanzieller Aufwand
Wie hoch ist der finanzielle Aufwand? Positiv berücksichtigt wird, dass es sich in der Regel um einmalige Anschaffungen handelt.

■ Unfallgefahr
Einige Sportarten (z.B. Inline-Skating) bergen ein nicht unerhebliches Unfallrisiko.

So errechnet sich die Gesamtnote
Die ersten fünf Kriterien werden in der Zwischennote »Training« zusammengefasst, die letzten drei Kriterien in der Zwischennote »Organisation«. Die Note »Training« wird in der Gesamtnote doppelt gewertet, da diese für den Erfolg des Trainings maßgeblich ist.
Natürlich ist die Wertung subjektiv. Vor allem die Kriterien »Spaßfaktor«, »Abhängigkeit« und »finanzieller Aufwand« müssen Sie für sich selbst beurteilen. Für manche Menschen ist z.B. die Abhängigkeit von Kursen und Terminen durchaus ein Vorteil, da sie nur so zu regelmäßigem Training angehalten werden. Für andere ist dieser Aspekt eher nebensächlich.

Fangen Sie jetzt an!

Sicher finden auch Sie mindestens eine – besser noch mehrere – Ihren Neigungen und Fähigkeiten angemessene Ausdauersportart, die sich in Ihren Alltag regelmäßig integrieren lässt. Was Sie jetzt noch benötigen, ist ein guter Plan, der Ihnen zeigt, wie oft Sie trainieren sollten und wie Sie die einzelnen Trainingseinheiten aufeinander abstimmen und kombinieren können. Das alles erläutern wir Ihnen unter »Ihr individuelles Trainingsprogramm« (→ Seite 36).
Das dem Fettabbau und Energieverbrauch dienende Ausdauertraining ist nur die eine Säule eines ausgewogenen Fitnessprogramms. Als zweite Säule gilt ein Muskeltraining zur gezielten Bekämpfung von Problemzonen.

Individuelles Training für die Bestform

Noch vor ein paar Jahren war das allgemeine Interesse an Muskeltraining eher gering. Gerade Frauen, die vor allem an einer weiblichen, sportlichen Figur und nicht an überdimensionalen Muskelbergen interessiert sind, wollten von dieser Art des Trainings nichts wissen. Inzwischen haben viele Menschen erkannt, dass Muskeltraining nicht dasselbe ist wie Bodybuilding. Das Training, von dem wir sprechen, wird Bodyforming, Bodystyling oder Problemzonengymnastik genannt. Es ist ein sanftes, ohne große Geräte oder Vorbereitungen überall durchführbares Krafttraining, das darauf abzielt, bestimmte Körperpartien zu formen und hervorzuheben. Es ist gleichermaßen geeignet für Männer und Frauen.

Auch für Frauen ist ein sanftes Muskeltraining der ideale Weg, ihren Körper gemäß seiner natürlichen Formen zu straffen und zu verschönern.

Auf den Kraftreiz kommt es an

Ihrer Muskulatur ist es zunächst einmal gleichgültig, wie Sie Ihr Muskeltraining nennen. Wichtig ist nur eines: Die Muskulatur braucht einen Kraftreiz. Nur dann verändert sie sich! Ein Kraftreiz liegt dann vor, wenn Sie mindestens 30 Prozent Ihrer maximal verfügbaren Kraft gegen einen Widerstand einsetzen – z. B. Geräte im Fitness-Studio oder, wie in unseren Übungen, das Dyna-Band. Je nach Höhe und Dauer des Kraftreizes kommt es dann zu unterschiedlichen Anpassungen der Muskulatur. Bei allen Übungen zum Muskeltraining ist zu beachten:

■ Je geringer die Kraftanstrengung, desto mehr Wiederholungen sollten Sie absolvieren.

■ Je höher die Kraftanstrengung, desto weniger Wiederholungen sollten Sie absolvieren.

Es gibt zwei Arten von Muskeltraining, die wir im Folgenden genauer betrachten wollen:

■ Das Kraftausdauertraining

■ Das Muskelaufbautraining

Beide Varianten lösen unterschiedliche Anpassungen aus, die in der folgenden Tabelle näher erklärt werden (→ Seite 36).

Kraftausdauertraining

Beim Kraftausdauertraining liegt die Betonung auf der Kombination zwischen ausreichend hohem Energieverbrauch (und damit Fettabbau) und einem Muskelaufbau. Vor allem Frauen wollen diesen Effekt erzielen. Einige Trainer behaupten, man müsse eine Bewegung sehr oft (bis zu 100-mal) wiederholen, um einen »Straffungseffekt« zu erreichen. Von einem »Straffungseffekt« spricht man, wenn die Spannung der Muskulatur im Ruhezustand höher wird. Wieweit dieser Effekt wirklich erreicht wird, hängt aber von der Muskelmasse ab. Das heißt, der »Straffungseffekt« ist umso höher, je größer die Muskelmasse. Eine Bewegung, die 100-mal wiederholt wird, hat diesen Effekt nicht. Besser eignet sich das Muskelaufbautraining.

Ausdauer, Kraft und Energie sind nicht nur in sportlicher Hinsicht positiv zu werten; auch im Berufsleben machen sich eine größere Leistungsbereitschaft und eine bessere Kondition bezahlt.

Die Vor- und Nachteile des Kraftausdauertrainings

Der Vorteil ist: Sie schlagen mehrere Fliegen mit einer Klappe. Das Kraftausdauertraining ist eine Zeit sparende Kombination aus Fettabbau, Muskelaufbau und Straffung der Muskulatur. Nachteilig ist, dass Sie diese drei Ziele durch andere Trainingsarten schneller erreichen könnten: Einen rascheren Fettabbau erzielen Sie mit Ausdauertraining. Muskelaufbau und Straffung erarbeiten Sie sich gezielter in einem Muskelaufbautraining.
■ Beim Kraftausdauertraining geht es vor allem darum, möglichst viele Muskelgruppen zu belasten. So können Sie z. B. mit je einer Übung für Beine, Schultergürtel, Bauch und Rücken schon sehr viele Muskelgruppen erreichen. Bei jeweils 4 mal 30 Wiederholungen ist der Energieverbrauch schon sehr beträchtlich. Dabei sollten sie sehr genau darauf achten, dass die Pause zwischen den einzelnen Sätzen maximal 30 Sekunden beträgt. Nur so ist der Energieverbrauch ausreichend hoch. Wie viele Wiederholungen und wie lange Pausen Sie beim Muskelaufbautraining machen sollten, sagen wir Ihnen auf Seite 35.

Höherer Energieverbrauch durch Kreistraining
Einen höheren Energieverbrauch erreichen Sie mit dem so genannten Kreistraining. Dazu werden die einzelnen Körperpartien und Muskelgruppen in rasch wechselnder Folge trainiert. Jede Übung besteht aus nur einem Durchgang mit je 15–30 Wiederholungen.
Ein Beispiel: Nach einem einzigen (!) Durchgang mit 30 Wiederholungen für die Beine wechseln Sie ohne Pause zu einer Übung für den Schultergürtel. Nach 30 Wiederholungen nehmen Sie sich den Bauch vor, dann den Rücken. Wenn Sie mit einem Durchgang fertig sind, geht es ohne Pause wieder von vorn los.

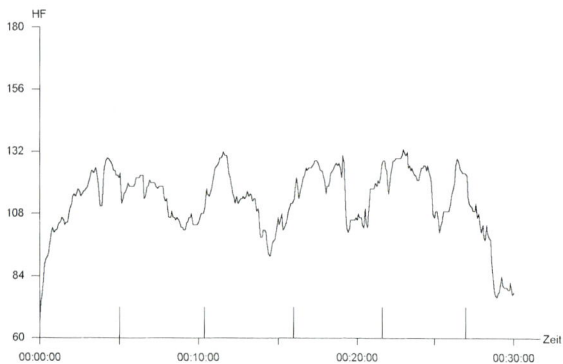

Grafik 9:
Die Herzfrequenz-Messung bei einem Kreistraining mit
vier Durchgängen zeigt eine gleichbleibend hohe
Beanspruchung des Herz-Kreislauf-Systems.

Die Herzfrequenz ist für das Kraftausdauertraining nicht so maßgeblich wie z. B. für das Fettstoffwechseltraining. Aber an ihr lässt sich ablesen, wie stark das Herz-Kreislauf-System belastet wird. Somit ist sie indirekt auch ein Maß für den Energieverbrauch – denn der Puls steigt bei höherer Anstrengung an.

Obenstehende Grafik zeigt die Herzfrequenz während eines Kreistrainings mit dem Dyna-Band. Auftrag war:

■ 5 Minuten Aufwärmen

■ 4 mal 30 Wiederholungen ohne Pause mit jeweils einer Übung für Beine, Bauch, Rücken und Schultergürtel

■ 5 Minuten Dehnen der belasteten Muskelgruppen

Für Anfänger ist ein solches Kreistraining extrem anstrengend; daher genügt es, wenn Sie mit zwei Durchgängen beginnen, also z. B. jeweils einer Übungsfolge für Beine und Rücken. Wenn Sie merken, dass Ihre Leistungsfähigkeit zunimmt, können Sie sich auf bis zu fünf Durchgänge steigern.

Muskelaufbautraining

Wer einen schnellen Muskelzuwachs anstrebt, sollte ein Muskelaufbautraining durchführen. Durch dieses Training verdicken sich die einzelnen Muskelfasern, der Muskel nimmt in seinem Umfang zu. Wenn Sie also schon immer einen knackigen Po haben wollten, ist das genau der richtige Weg. Der Belastungsreiz sollte dabei so hoch sein, dass Sie 8 bis maximal 15 Wiederholungen pro Durchgang schaffen. Danach ist eine Pause von mindestens einer Minute notwendig. Wenn Sie eine kürzere Pause machen, hat sich der Muskel noch nicht erholt. Dann schaffen Sie die nächsten 8–15 Wiederholungen nicht mehr oder die Belastung wird ganz einfach zu groß. Aus diesem Grunde sollten Sie beim Muskelaufbautraining auch nicht das oben beschriebene Kreistraining absolvieren. Auf Grund der längeren Pausen ist der Energieverbrauch eher gering, sodass während des Muskelaufbautrainings weitaus weniger Fett abgebaut wird.

Der positive Effekt liegt in diesem Fall in der Langzeitwirkung.

Fettabbau im Schlaf

Unser aller Traum ist es, mit möglichst wenig Aufwand einen möglichst großen Erfolg zu erreichen. Das Muskelaufbautraining ermöglicht genau das: Fettabbau im Schlaf! Die Fakten sind einfach: Die Muskulatur braucht Energie. Nicht nur während körperlicher Arbeit, sondern auch in Ruhe. Je mehr Muskulatur jemand hat, umso mehr Energie ver-

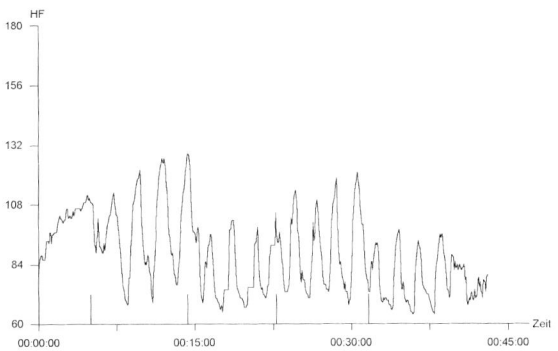

Grafik 11:
Im Vergleich mit dem Kreistraining auf der vorhergehenden Seite sehen wir hier deutliche Rückgänge der Herzfrequenz während der Pausen.

braucht er in Ruhe. Jedes zusätzliche Kilo Muskulatur verbraucht pro Tag etwa 200 Kalorien. Pro Woche sind das bereits 1400 Kalorien, die Sie nicht durch körperliche Aktivität abzuarbeiten brauchen.

Durch das Muskelaufbautraining erhöht sich also der Energieverbrauch im Ruhezustand, und Sie können sozusagen im Schlaf Fett abbauen. Voraussetzung ist allerdings:

■ Sie müssen sich dieses Kilo Muskulatur erst einmal antrainieren und durch regelmäßiges Training erhalten.

■ Die Energiezufuhr durch die Ernährung muss konstant bleiben, das heißt, die Energiebilanz muss stimmen (→ Seite 10ff.).

Beispiel für ein Muskelaufbautraining

Obenstehende Grafik zeigt die Herzfrequenz während des Muskelaufbautrainings mit dem Dyna-Band. Die Belastung des Herz-Kreislauf-Systems (und damit der Energieverbrauch) ist deutlich geringer als beim Kraftausdauertraining.

Der Auftrag lautete:

■ 5 Minuten Aufwärmen

■ 4 mal 12 Wiederholungen für Beine, Bauch, Rücken und Schultergürtel

■ Pause nach den einzelnen Sätzen: 90 Sekunden

■ 5 Minuten Dehnen der belasteten Muskelgruppen

Grundbegriffe kurz erklärt

Es war bereits öfter die Rede von Wiederholungen, Durchgängen und Pausen. Wir wollen jetzt kurz zusammenfassen, was wir darunter verstehen, und zwar in Hinblick auf die folgenden Übungen.

Beispiel Muskelaufbautraining

■ Wiederholungen: 8–15

■ Pausen: 1–2 Minuten

■ Durchgänge: 3–5

Bei dieser Übung mit dem Dyna-Band sollten Sie mindestens 8 Wiederholungen schaffen. Wenn Sie diesen Auftrag mühelos bewältigen, sollten Sie den Widerstand des Dyna-Bandes erhöhen, indem Sie z. B. das Band kürzer oder doppelt nehmen.

Neben den Wiederholungen wird auch die Zahl der Durchgänge angegeben. Wenn Sie z. B. von einer Bewegung wie Kniebeugen 15 Wiederholungen machen, so stellt das einen Durchgang dar.

Um die Muskulatur effektiv zu belasten, ist ein Durchgang in der Regel zu wenig, sodass nach einer Pause – in unserem Beispiel wären das 1 bis 2 Minuten – weitere Durchgänge folgen; hier sollten es dann insgesamt 3 bis 5 sein.

Beispiel Kraftausdauertraining

- Wiederholungen: 15–30
- Pausen: 20–30 Sekunden
- Durchgänge: 3–5

Hier machen Sie dreimal 15 Wiederholungen.

Grundformen des Krafttrainings	
Kraftausdauertraining	
Wiederholungen	15–30 und mehr
Pausen	20–30 Sekunden
Durchgänge	3–5
Trainingseffekt	■ Verbesserung der Kraftausdauer ■ geringer Muskelzuwachs ■ geringe Verbesserung des Herz-Kreislauf-Systems in Abhängigkeit von der eingesetzten Muskelmasse ■ Vorbereitung auf höhere Belastungen
Wirkung auf Problemzonen	■ Fettabbau durch den Energieverbrauch bei Training möglichst vieler Muskelgruppen (geringer als bei Ausdauertraining) ■ geringer Muskelaufbau ■ Straffung der Muskulatur (geringer als bei Muskelaufbautraining)
Muskelaufbautraining	
Wiederholungen	8–15
Pausen	1–2 Minuten
Durchgänge	3–5
Trainingseffekt	■ Muskelzuwachs durch Verdickung der Muskelfasern ■ Verbesserung der Maximalkraft
Wirkung auf Problemzonen	■ Formveränderung durch Muskelaufbau ■ Straffung der Muskulatur ■ geringer Fettabbau

Das ist das Minimum. Wenn Sie mehr schaffen, machen Sie 30 oder mehr Wiederholungen pro Durchgang, und das Ganze bis zu 5 Mal hintereinander. Nach jedem Durchgang sollten Sie eine – hier wesentlich kürzere – Pause von 20 bis 30 Sekunden einlegen.

Ihr individuelles Trainingsprogramm

Sie haben nun allerhand erfahren darüber, wie »Problemzonen« entstehen und was Sie dagegen tun können. Sie haben geeignete Trainingsmethoden sowohl zum Fettabbau als auch zum Muskelaufbau kennen gelernt. Jetzt geht es darum, die Kenntnisse in die Praxis umzusetzen. Es liegt nun an Ihnen, sich ein Trainingsprogramm zusammenzustellen, das speziell auf Sie zugeschnitten ist, und dieses Programm regelmäßig zu absolvieren. Auch wenn sich sichtbare Erfolge erst nach einigen Monaten einstellen, die wohltuende Wirkung eines regelmäßigen Trainings auf Ihren Organismus werden Sie schon bald spüren.

Bevor Sie mit dem Training beginnen

Vor Trainingsbeginn sollten Sie sich noch einmal darüber klar werden, was Sie genau erreichen wollen. Was ist Ihre persönliche Zielsetzung? Wollen Sie schwerpunktmäßig den Fettabbau Ihrer Problemzonen beschleunigen? Oder ist das gar nicht Ihr Hauptproblem und Sie möchten vor allem Ihre Muskulatur kräftigen, Ihren Körper formen? Es ist wichtig, dass Sie sich Ihren persönlichen Zielbereich auswählen (→ Seite 40ff.). Nur so ist ein Maximum an Erfolg garantiert!

Bausteine eines sinnvollen Trainings

Ein Trainingsprogramm sollte sowohl Ausdauertraining, Fettstoffwechsel- und intensives Ausdauertraining als auch Muskeltraining mit Kraftausdauer- und Muskelaufbautraining beinhalten. Welche Sportarten sich für das Ausdauertraining eignen und was Sie bei der Durchführung beachten müssen, haben Sie im vorhergehenden Kapitel erfahren. Ob Sie Ihren Schwerpunkt mehr auf Muskeltraining (→ Körperformung) oder Ausdauertraining (→ Fettabbau) legen, entscheiden Sie.

■ Versuchen Sie feste Trainingstage einzurichten, um so ein regelmäßiges Programm zu ermöglichen. Orientieren Sie sich dazu an den Trainingsplänen auf Seite 39, die für jede Zielgruppe einen optimalen Trainingsaufbau bieten.

■ In der Übersicht auf der linken Seite finden Sie nochmals die Grundformen des Muskeltrainings. Orientieren Sie sich an dieser Zusammenfassung bei der Ausarbeitung Ihrer Trainingspläne.

■ Eine Vielzahl von Übungen für das Muskeltraining mit dem Dyna-Band finden Sie im Übungsteil auf den Seiten 52 bis 142.

■ Die Tabelle auf Seite 49 bietet Ihnen einen Überblick über alle Dyna-Band-Übungen dieses Buches. Sie können sich dort ganz rasch über den Nutzen jeder Übung informieren. Die angegebenen Seitenzahlen erleichtern Ihnen das Auffinden jeder einzelnen Übung.

Regelmäßigkeit – der Schlüssel zum Erfolg

Sie werden Ihr Ziel nur erreichen, wenn Sie regelmäßig trainieren.

■ Regelmäßig heißt mindestens zweimal pro Woche über einen längeren Zeitraum.

■ Regelmäßig heißt nicht, dass Sie in einer Woche fünf Mal trainieren und dann drei Wochen Pause machen. Erfolg werden Sie nur haben, wenn Sie Ihr Training kontinuierlich fortführen. Und Sie sollten Geduld aufbringen. Bis sich die ersten sichtbaren Erfolge einstellen, werden nicht einige Wochen, sondern mehrere Monate vergehen.

Wie häufig sollten Sie trainieren?

■ Einmal pro Woche: nur sehr geringe Effekte auf Fettabbau und Muskelaufbau

■ Zwei- bis viermal pro Woche: gute bis sehr gute Effekte

■ Fünfmal und öfter pro Woche: Hochleistungstraining, maximale Effekte für Fettabbau und Muskelaufbau, Gefahr der Überlastung

Das Gleichgewicht finden

Training und Erholung gehören unbedingt zusammen. Ständiges Training ohne die notwendige Erholung führt früher oder später zu Überlastung und eventuell zu gesundheitlichen Schäden. Ein Paradebeispiel ist der winterliche Skiurlaub. Sie waren das ganze Jahr über untätig, und plötzlich sind Sie jeden Tag sportlich aktiv. Spätestens am dritten Tag werden Sie sich müde und schlapp fühlen, und damit steigt auch Ihre Verletzungsgefahr an. Eine langsame Steigerung wäre besser gewesen. Die meisten Menschen haben allerdings eher das Problem, dass der Erholungszeitraum zu lange ausfällt, weil sie zu selten trainieren.

Optimale Erholungswerte

Wie lang ist der optimale Erholungszeitraum nach einem Training? Halten sie sich an folgende Grundregel:

■ Ein Tag: für Fortgeschrittene ausreichend, für Anfänger zu kurz

■ Zwei bis drei Tage: unter Umständen für Fortgeschrittene zu lange, für Einsteiger aber optimal

■ Vier und mehr Tage: zu lange

Die angegebenen Erholungswerte gelten nur für die jeweils belastete Muskulatur, nicht für alle Muskelgruppen. Das heißt, wenn Sie am ersten Tag Ihre Beine trainieren, können Sie ohne weiteres am darauf folgenden Tag Ihren Bauch trainieren.

Beachten Sie außerdem:

■ Je anstrengender das Training war, desto länger dauert die Erholung.

■ Je besser Sie trainiert sind, desto schneller erholen Sie sich.

■ Im ermüdeten Zustand ist Ausdauertraining leichter durchführbar als Krafttraining.

■ Wenn Sie direkt nach dem Training für den Ausgleich von Flüssigkeit und Energie sorgen, verkürzen Sie die Erholung. Besonders geeignet sind Mineralwasser und Obst.

Vermeiden Sie einseitiges Training!

Auch wenn Ihnen vor allem daran liegt, einen flachen Bauch oder einen straffen Po zu erhalten, sollten Sie Ihr Training ausgewogen gestalten. Das heißt, Sie sollten sich bei der Auswahl der Übungen nicht nur von ästhetischen Anforderungen leiten lassen, sondern vor allem auch die Funktionalität des Muskel-apparates mit berücksichtigen. Die wichtigste Aufgabe der Muskulatur ist die Stütz- und Bewegungsfunktion. So sind viele Beschwerden wie zum Beispiel Rückenschmerzen darauf zurückzuführen, dass das entsprechende Muskelsystem nur mangelhaft arbeitet. Eine solche unzureichende Funktionstüchtigkeit der Muskeln kann in einem allgemeinen Kraftdefizit begründet sein. Das würde bedeuten, dass die Anforderungen des Alltags die Belastbarkeit der einzelnen Gelenke und der Wirbelsäule überschreiten.

Ganzheitlich trainieren

Wichtig ist es in diesem Zusammenhang, das Zusammenspiel und Kräfteverhältnis der verschiedenen Muskelbereiche zueinander zu erkennen und zu berücksichtigen. Einer gut ausgebildeten Bauchmuskulatur sollte der komplexe Bereich der Rückenmuskulatur in nichts nachstehen, um so den Rumpf im Sinne eines muskulären Gleichgewichts zu stützen und zu stabilisieren. Sie sollten also nicht nur eine Übung zur Bauchmuskulatur machen, sondern danach möglichst auch noch eine Übung zur Rückenmuskulatur anschließen.

In Ihrer Trainingsplanung darf dieser Aspekt auf keinen Fall fehlen, denn Ästhetik zeichnet sich vor allen Dingen durch eine ganzheitliche Harmonie und ein schönes Gesamtbild aus.

■ Das Trainingsprogramm für Bauch, Beine, Po wird deshalb im Sinne eines ganzheitlichen und gesunden Trainings durch Übungen der gesamten Rumpf- und Armmuskulatur ergänzt, obwohl diese auf die so genannten Problemzonen keine Wirkung haben.

So könnte Ihre Trainingswoche aussehen

Im Folgenden haben wir für Sie mustergültige Trainingspläne zusammengestellt, an denen Sie sich orientieren können. Richten Sie Ihren Trainingsplan vor allem nach dem gewünschten Schwerpunkt aus, also danach, ob es Ihnen mehr auf eine schlankere und fittere Figur (Fettabbau) oder eher auf ein gezieltes Problemzonentraining (Körperformung) ankommt. Die in unseren Stundenplänen angegebenen Zeiten beinhalten jeweils die Aufwärmübungen sowie eine Abwärmphase, das so genannte Cool-Down (→ Seite 51).

Schwerpunkt Fettabbau

Anfänger

MO	
DI	Kraftausdauertraining 30 Minuten
MI	
DO	Intensives Ausdauertraining 30 Minuten
FR	
SA	
SO	Fettstoffwechseltraining 60–80 Minuten

Gesamt: 3 Trainingseinheiten, 2 h – 2 h 20 min

Fortgeschrittene

MO	
DI	Kraftausdauertraining 40–50 Minuten
MI	Intensives Ausdauertraining 30–50 Minuten
DO	
FR	Fettstoffwechseltraining 60 Minuten
SA	Kraftausdauertraining 40–50 Minuten
SO	Fettstoffwechseltraining 60–120 Minuten und mehr

Gesamt: 5 Trainingseinheiten, 3 h 50 min – 5 h 30 min

Schwerpunkt Körperformung

Anfänger

MO	
DI	Kraftausdauertraining 30 Minuten
MI	
DO	
FR	Muskelaufbautraining 30–45 Minuten
SA	
SO	Fettstoffwechseltraining 60–80 Minuten oder intensives Ausdauertraining 30 Minuten

Gesamt: 3 Trainingseinheiten, 2 h – 2 h 35 min

Fortgeschrittene

MO	
DI	Muskelaufbautraining 45–60 Minuten
MI	Intensives Ausdauertraining 30–50 Minuten
DO	Kraftausdauertraining 40–50 Minuten
FR	
SA	Muskelaufbautraining 45–60 Minuten
SO	Fettstoffwechseltraining 60–120 Minuten und mehr

Gesamt: 5 Trainingseinheiten, 3 h 40 min – 5 h 40 min

Minimalprogramm für Anfänger und Fortgeschrittene

MO	
DI	
MI	Krafttraining 30 Minuten (Kraftausdauer), direkt anschließend intensives Ausdauertraining 30 Minuten
DO	
FR	
SA	
SO	Krafttraining 30 Minuten (Muskelaufbau), direkt anschließend Fettstoffwechseltraining 60 Minuten

Gesamt: 2 Trainingseinheiten, 2 h 30 min

Auf dem Weg zum Ziel

Sie haben nun alle theoretischen Bausteine eines optimalen Trainingskonzepts kennen gelernt. Bevor Sie sich Ihre Übungen aussuchen und mit der Praxis beginnen, wollen wir Ihnen aber noch einige Hinweise geben, die es Ihnen leichter machen, Ihr Ziel tatsächlich zu erreichen; denn, Sie wissen es aus eigener Erfahrung: Niemand wird alles, was er sich vorgenommen hat, immer auch in die Tat umsetzen … Gründe, ein begonnenes Vorhaben abzubrechen, gibt es viele. Zeitnot, anderweitige Verpflichtungen, schlechtes Wetter oder ganz einfach Lustlosigkeit sind Einflüsse, die oft stärker sind als alle guten Vorsätze.

So nutzen Sie Ihre mentalen Kräfte

Sportpsychologen haben als Erste herausgefunden, wie sehr die geistige Einstellung über Erfolg und Misserfolg eines Sportlers entscheidet. Heute sind nicht nur Sportler und Trainer, sondern auch viele Manager und Führungspersönlichkeiten erfolgreich durch mentales Training. Unter dem mentalen Training versteht man die bewusste Aktivierung positiver geistiger Kräfte wie Motivation, Zielstrebigkeit, Ausdauer, Präsenz, Konzentrationsfähigkeit …

Wir wissen heute: Je stärker ein Mensch im mentalen Bereich ist, desto eher kann er die äußeren Faktoren, die ihn behindern, überwinden. Nur wer es vermag, sich immer wieder neu zu motivieren und sein Ziel klar zu sehen, der wird es schließlich auch erreichen.

Wir geben Ihnen nun bewährte Tipps, die Ihnen helfen, Ihr Ziel zu erreichen.

1. Bleiben Sie motiviert!

Das Wichtigste zuerst: Sie müssen sich nicht von Grund auf ändern, um gut motiviert zu sein. Es reicht, wenn Sie sich klar machen, dass Sie Motivation in erster Linie für Ihre regelmäßigen Übungen brauchen.

■ Halten Sie sich klar vor Augen, dass jede einzelne Trainingseinheit wichtig ist und dass sie Sie Ihrem großen Ziel einen weiteren Schritt näher bringt.

2. Setzen Sie sich ein Ziel!

Grundlegend für jedes erfolgreiche Tun im Leben ist eine Zielsetzung. Wer ein Ziel hat, wer es klar formulieren und innerlich »erreichen« kann, hat die besten Voraussetzungen, ein Vorhaben erfolgreich abzuschließen. Dazu wurde in der Sportpsychologie der Begriff der so genannten »realistisch-optimistischen Zielsetzung« geprägt. Was heißt das genau?

Eine »realistisch-optimistische Zielsetzung« bedeutet zunächst nichts anderes, als dass Sie bei unvoreingenommener, objektiver Betrachtung Ihrer Ausgangslage eine echte (reale) Chance haben, das Ziel, das Sie anstreben, auch zu erreichen.

Wer zum Beispiel bei einer Größe von 1.60 Meter einen eher stämmigen Körperbau hat, dem ist es schlicht unmöglich, irgendwann einmal »Modellmaße« à la Claudia Schiffer zu erreichen, die 1.82 groß ist und kaum 60 Kilogramm wiegt.

■ Setzen Sie sich also realistische Ziele, die Sie tatsächlich erreichen können.

3. Überfordern Sie sich nicht!

Ziel ist nicht gleich Ziel. Für viele Menschen ist ein Ziel mit mittlerem Schwierigkeitsgrad und einer »realistisch-optimistischen Zielsetzung« am motivierendsten. Wenn Sie sich ein solches mittleres Ziel setzen, sollte es für Sie eine Herausforderung sein – weder zu leicht noch zu schwierig zu erreichen.

4. Wollen – nicht wünschen!

Haben Sie sich schon einmal den Unterschied zwischen Wollen und Wünschen klar gemacht? Wenn Sie etwas wollen, haben Sie ein klar formuliertes Ziel und eine genaue Strategie, wie Sie dieses Ziel erreichen! Wenn Sie z. B. in einem halben Jahr vier Kilo Fett abnehmen und ein Kilo straffer Muskulatur aufbauen wollen, dann werden Sie zweimal pro Woche je 40 Minuten zum Joggen gehen und zweimal pro Woche je 30 Minuten mit dem Dyna-Band trainieren.

Wenn Sie sich etwas wünschen, haben Sie zwar ebenso ein Ziel, dieses ist allerdings unklar formuliert, ebenso fehlt Ihnen die Strategie, wie Sie Ihr Ziel erreichen können. Sie werden vielleicht ein- oder zweimal zum Joggen gehen, und das war es dann.

5. Denken Sie sich ins Ziel!

Angenommen, jemand fordert Sie auf, eine Minute nicht an einen kleinen grünen Drachen zu denken. Was wird passieren? Sie denken garantiert an einen kleinen grünen Drachen. Dieses Phänomen ist wissenschaftlich

Im Fitnessstudio finden Sie Gleichgesinnte, mit denen das Training noch mehr Spaß macht.

nachgewiesen und wird »Dracheneffekt« genannt. Übertragen auf unser Thema heißt das, dass Sie Ihr Ziel unbedingt richtig formulieren müssen.

■ Sie sollten Ihr Ziel immer positiv und optimistisch formulieren. Zum Beispiel: »Ich werde jetzt schlank!«

Machen Sie sich eine optimistische bildhafte Vorstellung Ihrer neuen Figur, wie Sie sie gerne hätten, und verinnerlichen Sie diese Vorstellung, indem Sie sich zum Beispiel vor jedem Training erst einmal fünf Minuten in Gedanken mit Ihrer Traumfigur beschäftigen. Wenn Sie Ihr Ziel negativ oder pessimistisch formulieren, können Sie sich selbst blockieren. Wer sich immer wieder sagt: »Ich will endlich nicht mehr unzufrieden sein mit meiner Figur!« mobilisiert sofort alle Daten, die in seinem Gehirn unter dem Stichwort »unzufrieden mit der Figur« gespeichert sind. Dadurch wird genau das eintreten, an was Sie denken – Sie werden mit Ihrer Figur immer unzufrieden bleiben (Dracheneffekt).

Setzen Sie sich Zwischenziele!

Oft ist der Weg zu einem »realistisch-optimistisch« gesetzten Ziel lang. Es ist unwahrscheinlich, dass Sie Ihre persönliche Traumfigur bereits nach vier Wochen Training erreicht haben. Damit Sie zwischenzeitlich nicht die Motivation verlieren, sollten Sie sich so genannte Zwischenziele setzen. Diese Zwischenziele geben Ihnen Informationen darüber, ob Sie auf dem richtigen Weg sind. Sie können so Ihr Training kontrollieren und objektiv feststellen, ob Sie bisher erfolgreich waren. Nichts motiviert so sehr wie Erfolg!

Im Trainingsprozess eignen sich dazu so genannte Leistungstests, die mit Ihrer Zielsetzung in folgendem Zusammenhang stehen:

1. Ausdauertests zeigen Fortschritte beim Fettabbau an.

2. Krafttests zeigen Fortschritte beim Muskelaufbau an.

Folgende Graphik zeigt, dass sich Ausdauer und Muskelkraft bereits ab der ersten Trainingseinheit verbessern, Effekte im Sinne von Fettabbau und Muskelaufbau aber erst nach ein paar Wochen auftreten.

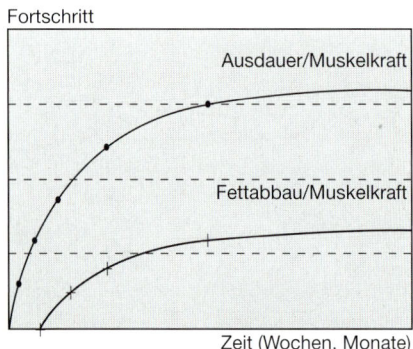

Fortschritt

Ausdauer/Muskelkraft

Fettabbau/Muskelkraft

Zeit (Wochen, Monate)

■ Führen Sie die folgenden Tests alle 4 bis 8 Wochen durch, und schöpfen Sie daraus neue

Motivation, wenn Sie sich verbessert haben. Haben Sie trotzdem keine Fortschritte erzielt, nehmen Sie das zum Anlass, Ihr Trainingsprogramm zu überdenken und entsprechend zu verbessern.

Test für die Bauchmuskulatur

Legen Sie sich in Rückenlage mit angewinkelten Beinen auf den Boden und halten Sie eine Uhr mit Sekundenanzeiger bereit. Richten Sie Ihren Oberkörper auf, indem Sie Ihre gestreckten Arme in Richtung Füße schieben. Die Schulterblätter heben sich vom Boden ab, die Lendenwirbelsäule bleibt am Boden.

Versuchen Sie diese Stellung so lange wie möglich zu halten.

Auswertung

Vergleichen Sie Ihren aktuellen Leistungsstand für die Bauchmuskulatur mit diesen Werten:

0 Sekunden–30 Sekunden	ungenügend
31 Sekunden–45 Sekunden	schlecht
46 Sekunden–60 Sekunden	mittel
61 Sekunden–90 Sekunden	gut
über 91 Sekunden	sehr gut

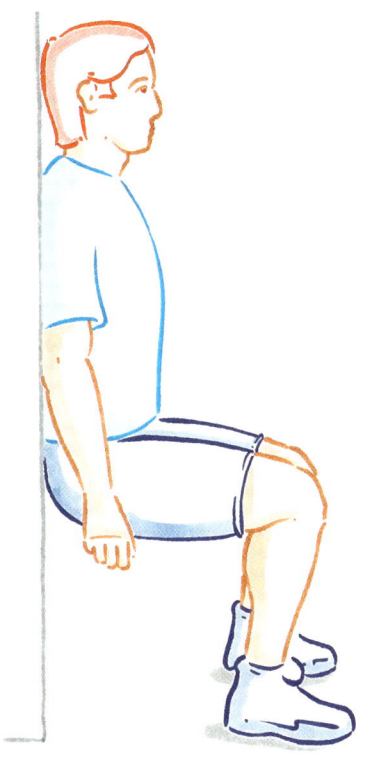

Test für die Oberschenkelvorderseite

Lehnen Sie sich mit dem gesamten Rücken an eine Wand und gehen Sie in die Knie. Der Winkel zwischen Rumpf und Oberschenkel beträgt 90 Grad, ebenso der Kniewinkel. Versuchen Sie diese Stellung so lange wie möglich zu halten.

Auswertung

Notieren Sie jeweils Ihre persönliche Bestzeit, um einen späteren Vergleich zu ermöglichen. Folgende Werte zeigen Ihnen Ihren aktuellen Leistungsstand:

0 Sekunden–50 Sekunden	ungenügend
51 Sekunden–70 Sekunden	schlecht
71 Sekunden–90 Sekunden	mittel
91 Sekunden–100 Sekunden	gut
über 101 Sekunden	sehr gut

(aus: Kirchner, 1998)

Test für die Oberschenkelrückseite

Legen Sie sich auf den Rücken, und stellen Sie die Ferse eines Beines auf einen Stuhl. Das andere Bein halten Sie vom Stuhl weg. Die Knie bilden bei diesem Test einen 90-Grad-Winkel. Heben Sie nun das Becken vom Boden ab, der Kniewinkel muss bei 90 Grad bleiben.

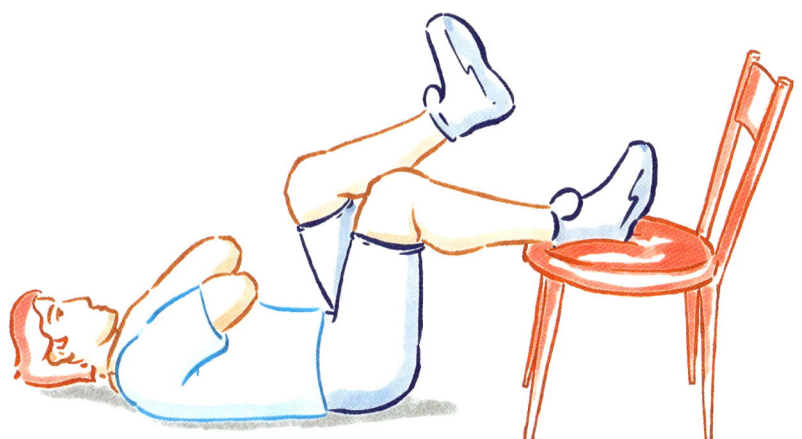

Ausgangsposition

Endposition

Testen Sie nacheinander das rechte und das linke Bein. Versuchen Sie diese Stellung jeweils so lange wie möglich zu halten.

Auswertung
Notieren Sie Ihre persönliche Bestzeit, um einen späteren Vergleich zu ermöglichen. Fol-

gende Werte zeigen Ihnen Ihren aktuellen Leistungsstand.

0 Sekunden–10 Sekunden	ungenügend
11 Sekunden –20 Sekunden	schlecht
21 Sekunden–40 Sekunden	mittel
41 Sekunden–60 Sekunden	gut
über 61 Sekunden	sehr gut

Test für die Große Gesäßmuskulatur
Gehen Sie in die Rückenlage, und legen Sie den Unterschenkel eines Beines auf einen

Stuhl. Das andere Bein halten Sie in der Luft. Verschränken Sie die Arme vor der Brust und heben Sie das Becken etwas an (Ausgangsposition). Nun strecken Sie das Hüftgelenk so weit, bis Knie, Hüfte und Schulter eine Linie bilden (Endposition).

Ausgangsposition

Endposition

Wiederholen Sie diese Bewegung so oft wie möglich. Testen Sie anschließend das andere Bein.

Auswertung

Notieren Sie Ihre persönliche Wiederholungszahl, um einen späteren Vergleich zu ermöglichen. Folgende Werte zeigen Ihnen Ihren aktuellen Leistungsstand.

0 – 5 Wiederholungen	ungenügend
6 – 10 Wiederholungen	schlecht
11 – 15 Wiederholungen	mittel
16 – 20 Wiederholungen	gut
über 21 Wiederholungen	sehr gut

Test für die Kleine Gesäßmuskulatur

Legen Sie sich auf eine Seite. Winkeln Sie den unten liegenden Arm und das unten liegende Bein an. Das obere Bein strecken Sie aus. Ferse, Knie, Hüfte und Schulter bilden eine Linie. Aus dieser Position heben Sie das Bein so weit nach oben an, wie Sie ohne Schwung und Ausweichbewegung kommen.

Wiederholen Sie diese Bewegung so oft wie möglich. Setzen Sie das Bein nicht nach jeder Wiederholung ab. Der Test ist zu Ende, sobald Sie Schwung holen oder im Becken ausweichen müssen.

Testen Sie nacheinander beide Beine.

Ausgangsposition

Endposition

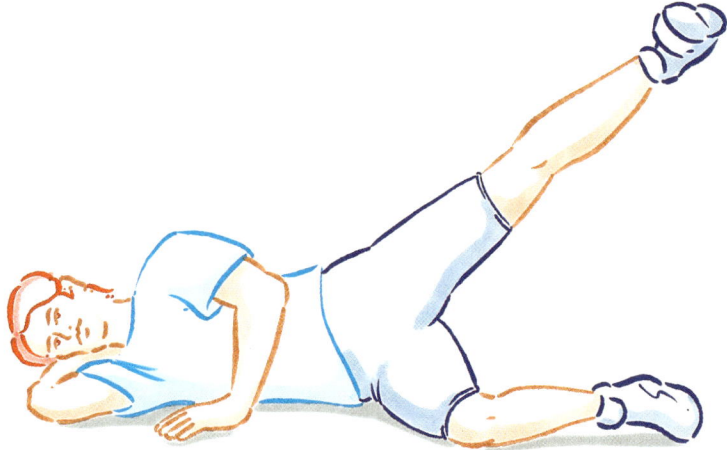

Auswertung

Notieren Sie Ihre persönliche Wiederholungszahl, um einen späteren Vergleich zu ermöglichen. Folgende Werte zeigen Ihnen Ihren aktuellen Leistungsstand.

0 – 7 Wiederholungen	ungenügend
8 – 15 Wiederholungen	schlecht
16 – 23 Wiederholungen	mittel
24 – 30 Wiederholungen	gut
über 31 Wiederholungen	sehr gut

Zur Gesamtauswertung der Tests

Tragen Sie Ihre Testergebnisse mit Datum und Bewertung in folgende Tabelle ein. Sicher zeigt sich auf den ersten Blick, wo Ihre persönlichen Schwachstellen liegen, die Sie gezielt mit den folgenden Übungen angehen können. Um sich zu motivieren, wiederholen Sie die Tests nach einigen Wochen und machen Sie Ihren persönlichen Vorher-Nacher-Vergleich. Vielleicht probieren Sie auch folgende Möglichkeit aus: Kopieren Sie die Tabelle und tragen Sie Ihre ersten Testergebnisse ein. Hängen Sie dann diese Tabelle irgendwo auf, wo sie Ihnen immer auffällt – im Bad über dem Spiegel, über dem Schreibtisch oder am Kühlschrank … So werden Sie immer daran erinnert, wie wichtig das nächste Trai-

ning ist, damit Sie bei Ihrem nächsten Test besser abschneiden.

Gesamtauswertung	Datum	Ergebnis	Bewertung
Bauch-muskulatur			
Oberschenkel-vorderseite			
Oberschenkel-rückseite			
Große Gesäß-muskulatur			
Kleine Gesäß-muskulatur			

Wegweiser zur passenden Übung

Um Sinn und Zweck jeder einzelnen Übung unseres umfangreichen Übungsteils besonders transparent und verständlich zu machen, wurde für dieses Buch ein System entwickelt, das alle wichtigen Angaben zu einer Übung in immer gleicher Weise darstellt. Die einzelnen Elemente dieses Systems haben wir hier für Sie zusammengestellt:

1. Der Titel der Übung – zum Beispiel »Gerade Bauchmuskulatur Übung 1« – sagt Ihnen, welche Muskelpartie Sie hier gezielt trainieren können.

2. Im Trainingsziel finden Sie sowohl die Angabe für die Art – Kraftausdauer oder Muskelaufbau, als auch die Einteilung:

- Anfänger
- Fortgeschrittene
- Könner

Viele Übungen eignen sich für unterschiedliche Ansprüche. So kann das Trainingsziel ein und derselben Übung lauten »Muskelaufbau für Anfänger« und »Kraftausdauer für Fortgeschrittene«.

3. Unter dem Punkt Übungsablauf finden Sie alle Angaben zur optimalen Durchführung der Übung:

- Die Anzahl der Wiederholungen und Pausen
- Die Anzahl der empfohlenen Durchgänge

4. In einem eigenen kleinen Feld wurde der Schwierigkeitsgrad jeder Übung notiert. Sie finden die drei Gruppen »leicht«, »mittel« und »schwer«.

Mit welchen Übungen beginnen?

Beim Zusammenstellen Ihres persönlichen Übungsprogramms gehen Anfänger, Fortgeschrittene und Könner auf unterschiedliche Art und Weise vor.

1. Anfänger

Als Einsteiger in die Übungen werden Sie sich vermutlich zunächst mit der Problemzone beschäftigen wollen, die am meisten »drückt«. Sie finden in jedem Bereich pro Muskelpartie eine Übung, die für die Anfänger am besten geeignet ist. Machen Sie die angegebene Übung wie im Übungsablauf beschrieben so lange, bis Sie Ihnen leicht fällt. Wer Abwechslung mag oder sich mehr zutraut, kann auch die Übungsvariante dazu nehmen.

Wichtig: Versuchen Sie von Anfang an für jede Übung Ihrer Problemzone auch eine Übung des jeweiligen Gegenspielers zu machen. So vermeiden Sie einseitiges Training und erhalten Ihr muskuläres Gleichgewicht.

Im Bereich »Bauchmuskulatur« würde sich der Zyklus für die Anfänger mindestens aus diesen Bausteinen zusammensetzen:

- Aufwärmübung
- Gerade Bauchmuskulatur Übung 1 (Kraftausdauer)
- Rückenmuskulatur Übung 1 (Kraftausdauer)
- Dehnungsübung

2. Fortgeschrittene

Wer alle Übungen der Anfängerstufe leicht ausführen kann, wird sich ebenso nach neuen Herausforderungen sehnen wie der geübte oder im Umgang mit dem Dyna-Band erfahrene Sportler. Für Sie sind die Übungen für Fortgeschrittene gedacht (mittlerer Schwierigkeitsgrad). Sie werden sehen, dass es in Ihrem Bereich auch einige Übungen mit dem Schwierigkeitsgrad »schwer« gibt. Es dürfte einige Wochen dauern, bis diese Übungen keine Herausforderung mehr für Sie darstellen.

In dieser Stufe sollten Sie spätestens damit beginnen, eine oder besser zwei weitere Problemzonen zu »bearbeiten«. Diese Ausweitung Ihrer Aktivitäten dient nicht nur der Schönheit Ihres Körpers. Denken Sie bitte daran, dass Ihr Körper ein großes Ganzes ist und dass immer mindestens zwei Zonen direkt miteinander verbunden sind.

3. Für Könner

Wer die Übungen für Fortgeschrittene sehr gut beherrscht und sie leicht ausführen kann, ist reif für die Stufe der »Könner«. Hier finden Sie die Übungen, die am besten geeignet sind, vorhandene Muskelpartien zu trainieren und weitere Muskeln in einem bestimmten Bereich aufzubauen. Wer diese Stufe erreicht hat, wird ganz sicher eine Veränderung zum Besseren an seinem Körper feststellen – und Sie dürften spätestens jetzt so manches Kompliment für Ihr verändertes Aussehen ernten. Bleiben Sie also dabei!

Mit unseren Übungen für Könner werden Sie nicht nur die Muskeln Ihrer Problemzonen so straffen und formen, dass Sie im Rahmen Ihrer naturgegebenen Anlagen Ihre optimale Figur erreichen. Auf dieser Stufe sollten Sie den ganzen Körper trainieren. So kommen Sie von Kopf bis Fuß in Ihre Bestform – und bleiben es, unterstützt durch den Ausdauersport und eine gesunde Ernährung, für lange Jahre.

Die Übersichtstabelle

Die nebenstehende Tabelle bietet Ihnen einen besonderen Service. Sie können sich anhand dieser Übersicht auf einen Blick informieren, welche der über 70 Übungen für Ihre persönlichen Ziele die passendste ist. Um einen raschen Überblick zu gewährleisten, haben wir in der linken Spalte die Körperbereiche und Problemzonen aufgelistet, deren Muskeln Sie mit Hilfe der verschiedenen Übungen aktivieren und trainieren können. Außerdem haben wir bei jeder Übung notiert, welchem Zweck sie dient:

M = Muskelaufbau Mit den Übungen des Muskelaufbautrainings bauen Sie die vorhandene Muskelmasse auf. Mehr dazu finden Sie im Buch auf den Seiten 34 bis 35.

K = Kraftausdauer Mit den Übungen des Kraftausdauertrainings wird gleichzeitig zum Muskelaufbau Fett abgebaut. Um dieses Ziel zu erreichen ist das Dyna-Band mit seinem variablen Widerstand ein optimaler Trainingspartner. Mehr zum Kraftausdauertraining finden Sie im Buch auf den Seiten 32 bis 34.

Ein eigener Bereich des Übungsteils ist der gezielten Dehnung einzelner Muskelbereiche vor und nach dem Training gewidmet (»Cool-Down«, → Seite 134). In diesem Bereich stellen wir Ihnen sanfte Stretching-Bewegungen vor, die einzelne Muskeln nachhaltig dehnen. Wer diese Übungen regelmäßig als Ausgleich zu einer einseitigen Belastung macht, wird schon bald eine verbesserte Beweglichkeit spüren können.

Wegweiser zu Ihren Übungen – Übersicht

Körperregion	Muskeln und Muskelpartien	Leicht	Mittel	Schwer
		M = Muskelaufbau/K= Kraftausdauer/Zahlen = Seitenangaben		
Bauch	Gerade Bauchmuskulatur	53 (K)	55 (M/K)	59 (M/K)
		54 (K)	56 (M/K)	60 (M/K)
			57 (M/K)	61 (M)
			58 (M/K)	62 (M)
	Schräge Bauchmuskulatur	63 (K)		65 (M/K)
		64 (K)		66 (M)
	Quere Bauchmuskulatur		65 (M/K)	
	Untere Bauchmuskulatur			67 (M/K)
				68 (M)
				69 (M)
Bein	Oberschenkelvorderseite	71 (K)	73 (M/K)	77 (M/K)
		72 (K)	74 (M/K)	78 (M/K)
			75 (M/K)	
			76 (M/K)	
	Innerer Oberschenkel	79 (K)	80 (M/K)	81 (M/K)
	Oberschenkelrückseite		82 (M/K)	84 (M/K)
			83 (M/K)	85 (K)
	Wadenmuskulatur		86 (M/K)	87 (M/K)
Gesäß		89 (K)	95 (M/K)	99 (M/K)
		90 (K)	96 (M/K)	100 (M/K)
		91 (M/K)	97 (M/K)	101 (M)
		92 (M/K)	98 (M/K)	102 (M)
		93 (K)		
		94 (M/K)		
Po und Beine/ Kombination			103 (M/K)	
			104 (M/K)	
			105 (M/K)	
Rücken	Gesamte Rückenmuskulatur	107 (K)	108 (M/K)	111 (M/K)
			109 (M/K)	112 (M/K)
			110 (M/K)	113 (M/K)
	Obere Rückenmuskulatur	114 (K)	117 (M/K)	
		115 (M/K)		
		116 (M/K)		
	Untere Rückenmuskulatur		118 (M/K)	
	Seitliche Rumpfmuskulatur	119 (K)	120 (M/K)	121 (M/K)
Arme	Oberarmrückseite	123 (K)	124 (M/K)	125 (M/K)
	Oberarmvorderseite	126 (K)	127 (M/K)	128 (M/K)
Schultern			129 (M/K)	
			130 (M/K)	
Brust		131 (K)		133 (M/K)
		132 (K)		

Muskeltraining mit dem Dyna-Band

Warum trainieren wir mit dem Dyna-Band? Es bietet eine Reihe von Vorteilen: Das Dyna-Band ist ohne großen Aufwand vielseitig einsetzbar. Da es sich hinsichtlich der Belastung relativ leicht und flexibel einstellen lässt, eignet es sich sowohl für Neueinsteiger als auch für geübte Sportler. Die Übungen können abwechslungsreich und attraktiv gestaltet werden. Sowohl Kraftausdauer- als auch Muskelaufbautraining sind mit dem Dyna-Band möglich. Was Sie bei der Ausführung der Übungen generell beachten sollten, sagen wir Ihnen vorab.

Zehn Grundregeln für das Training

1 Wählen Sie lockere und zweckmäßige Kleidung, die Sie in Ihrer Bewegungsfreiheit nicht einschränkt.

2 Achten Sie auf ausreichende Frischluftzufuhr (Fenster auf!).

3 Das Dyna-Band sollte während der Übung stets unter Spannung bleiben. Beginnen Sie die Übung daher immer mit einer Vorspannung des Bandes.

4 Halten Sie während der Übungen nicht die Luft an! Versuchen Sie gleichmäßig weiter zu atmen.

5 Machen Sie keine ruckartigen, schnellen Bewegungen und achten Sie auf die korrekte Durchführung der Anweisungen.

6 Achten Sie immer auf die angegebene Befestigungshöhe des Dyna-Bandes: Die Verlaufsrichtung des Bandes ist für die jeweilige Übung entscheidend.

7 Nutzen Sie die volle Breite des Dyna-Bandes, wenn Sie es bei einer Übung um den Bauch schlingen, um ein Abschnüren zu vermeiden.

8 Vermeiden Sie Überbelastungen! Die jeweiligen Übungen dürfen nur schmerzfrei durchgeführt werden.

9 Bei Symptomen wie Krämpfen, Schwindel oder Übelkeit sollten Sie jede Trainingsform sofort abbrechen!

10 Beim Hinlegen und Aufstehen nicht im Kreuz abknicken, sondern immer über die Seite abrollen!

Pflege und Handhabung des Dyna-Bandes

Um eine möglichst lange Haltbarkeit des Bandes zu gewährleisten, beachten Sie bitte folgende Hinweise:

■ Vermeiden Sie es, das Dyna-Band an kantigen oder spitzen Gegenständen zu befestigen.

■ Bewahren Sie das Band nicht in unmittelbarer Nähe warmer Heizkörper auf und vermeiden Sie direkte Sonnenbestrahlung.

■ Vom Reinigen mit Wasser ist dringend abzuraten, da so der oberste Schutzfilm abgewaschen werden und das Band verkleben könnte.

Variable Trainingsbelastung

Zu jeder der folgenden Übungen finden Sie Informationen über

■ Trainingsziel (Muskelaufbau, Kraftausdauer)

■ Schwierigkeitsgrad (leicht, mittel, schwer)

■ Entsprechende Zielgruppe (Anfänger, Fortgeschrittene, Könner)

Entscheidend für den Grad Ihrer Belastung sind die Anzahl der Wiederholungen, die Durchgänge sowie die dazugehörigen Pausen, die stets für alle Übungen angegeben sind (→ Erklärung dieser Grundbegriffe auf Seite 35). Jede Übung lässt sich über die Vorspannung des Dyna-Bandes in ihrer Belastungsintensivität variieren. Je kürzer das Band, desto stärker der Widerstand. Für maximale Auslastung nehmen Sie das Band doppelt!

■ Wählen Sie die Belastung so, dass Sie bei korrekter Bewegungsausführung die letzten Wiederholungen jedes Durchganges als schwer und anstrengend empfinden.

Auf- und Abwärmen nicht vergessen

Ihr persönliches Fitnessprogramm sollten Sie wie jede sportliche Betätigung mit einer Aufwärmphase beginnen und mit einer Abwärmphase (Cool-Down) beenden.

In der Aufwärmphase werden Körper und Psyche auf das folgende Training vorbereitet.

■ Beginnen Sie mit einfachen Bewegungen, die den Kreislauf und die entsprechenden Muskelbereiche langsam in Schwung bringen.

Sanftes Aufwärmen

Leichte Dehnübungen sind ideal am Morgen und nach Phasen körperlicher Untätigkeit. Vergleichen Sie dazu Seite 134.

1. Gehen Sie ein paar Mal auf der Stelle, als ob Sie eine Treppe hochsteigen würden.

2. Schwingen Sie mit den Armen vor und zurück und atmen Sie dabei tief durch. Die Knie sind leicht gebeugt.

3. Schwingen Sie locker mit Oberkörper und Knien, als wenn Sie auf Skiern bergab sausen würden.

4. Zum Schluss laufen Sie wieder einige Male auf der Stelle und ziehen dabei abwechselnd das linke und rechte Knie hoch.

Aktives Aufwärmen

Für Fortgeschrittene sowie die Jüngeren oder Leistungsstärkeren unter Ihnen empfehlen wir aktive Aufwärmübungen, bei denen Sie Ihren Kreislauf stärker ankurbeln.

■ Beginnen Sie wieder mit dem Treppensteigen auf der Stelle und ziehen Sie die Knie dabei kräftig an; die Arme schwingen mit.

■ Nehmen Sie die Arme hoch und dehnen Sie Ihren Oberkörper sanft in alle Richtungen.

■ Springen Sie einige Male rasch auf der Stelle und klatschen Sie dabei die Hände über dem Kopf zusammen.

■ Gehen Sie in die Knie und machen Sie abwechselnd mit jedem Bein Ausfallschritte.

■ Beenden Sie das Ganze mit dem Laufen auf der Stelle.

Das Aufwärmen sollte ungefähr fünf bis zehn Minuten dauern.

Übungen für die Bauchmuskulatur

Die Bauchmuskeln werden unterteilt in die gerade, schräge und quere Bauchmuskulatur. Diese Muskelpartien sind großflächig und in sich wenig gegliedert. Durch ihre unterschiedlichen Verlaufsrichtungen ermöglichen sie aber nahezu alle Bewegungen, wie zum Beispiel ein Vorwärts- und Seitneigen oder ein Drehen des Rumpfes.

Entsprechend dieser vielfältigen Funktionen sollte ein Training der Bauchmuskulatur abwechslungsreich gestaltet werden. Wir bieten daher Übungen für die schräge und die untere, insbesondere aber die gerade Bauchmuskukatur an, häufig eine »Problemzone«, deren Bekämpfung viel für eine bessere Haltung und ein selbstbewusstes Auftreten bewirken kann.

Gerade Bauchmuskulatur • Übung 1

Trainingsziel   Kraftausdauer für Anfänger
Übungsablauf   Wiederholungen: 15–30 • Pause: 20–30 Sekunden • Durchgänge: 3–5

Ausgangsposition

Legen Sie ein etwa 30 bis 40 Zentimeter langes Brett im 45°-Winkel gegen eine Wand, und führen Sie das Dyna-Band hinter dem Brett durch.

Setzen Sie sich mit dem Rücken zur Schräge, und winkeln Sie die Beine an.

Fassen Sie mit Ihren Händen das Ende des Dyna-Bandes.

**Schwierigkeitsgrad:
leicht**

Endposition

Verschränken Sie nun die Hände vor dem Körper, und rollen Sie den Oberkörper so weit nach vorne, bis die Schulterblätter keinen Kontakt zum Brett mehr haben.

Der Schwierigkeitsgrad dieser Übung steigt, je flacher das Brett an die Wand gelehnt wird.

Gerade Bauchmuskulatur • Übung 1 – Variante

Trainingsziel   **Kraftausdauer für Anfänger**

Übungsablauf   **Wiederholungen: 15–30 • Pause: 20–30 Sekunden • Durchgänge: 3–5**

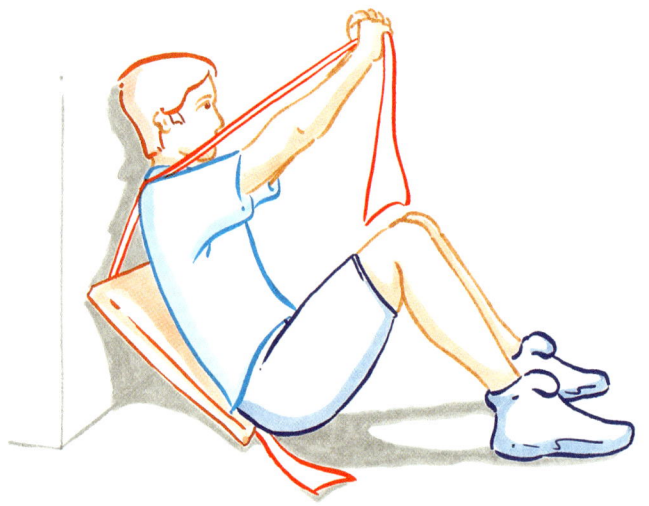

Ausgangsposition

Die Ausgangsposition ist dieselbe wie in der vorhergehenden Übung.

Sie setzen sich mit dem Rücken zur Schräge und winkeln die Beine an.

Mit Ihren Händen umfassen Sie das Ende des Dyna-Bandes.

Strecken Sie die Arme jetzt ganz nach oben aus.

**Schwierigkeitsgrad:
leicht**

Endposition

Rollen Sie den Oberkörper jetzt langsam nach vorne ein. Ziehen Sie das Dyna-Band mit Ihren Händen in Richtung Knie.

Gerade Bauchmuskulatur • Übung 2

Trainingsziel Muskelaufbau für Anfänger • Kraftausdauer für Fortgeschrittene

Übungsablauf Muskelaufbau: Wiederholungen: 8–15 • Pause: 1–2 Minuten •
Durchgänge: 3–5
Kraftausdauer: Wiederholungen: 15–30 • Pause: 20–30 •
Durchgänge: 3–5

Ausgangsposition

Befestigen Sie das Band an einer Stuhllehne.

Legen Sie sich auf den Rücken, die Unterschenkel ruhen im 90°-Winkel auf dem Stuhl.

Fassen Sie mit beiden Händen je ein Ende des Dyna-Bandes. Je mehr das Band unter Zug steht, desto leichter wird die Übung.

Schwierigkeitsgrad: mittel

Endposition

Nun rollen Sie den Oberkörper so weit nach vorne, bis die Schulterblätter keinen Kontakt zum Boden mehr haben.

Gleichzeitig winkeln Sie die Ellbogen an.

Sie spüren den Zug in der Arm- und der geraden Bauchmuskulatur.

Gerade Bauchmuskulatur • Übung 2 – Variante

Trainingsziel   Muskelaufbau für Anfänger • Kraftausdauer für Fortgeschrittene

Übungsablauf   Muskelaufbau: Wiederholungen: 8–15 • Pause: 1–2 Minuten •
Durchgänge: 3–5
Kraftausdauer: Wiederholungen: 15–30 • Pause: 20–30 Sekunden •
Durchgänge: 3–5

Ausgangsposition

Legen Sie sich auf den Rücken, und halten Sie die Beine in einem 90°-Winkel hoch.

Führen Sie das Dyna-Band um die Fußballen, und greifen Sie beide Enden mit durchgestreckten Armen.

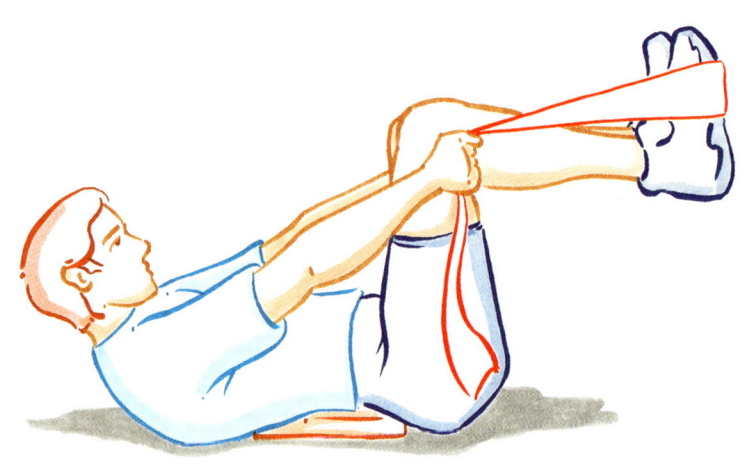

Schwierigkeitsgrad: mittel

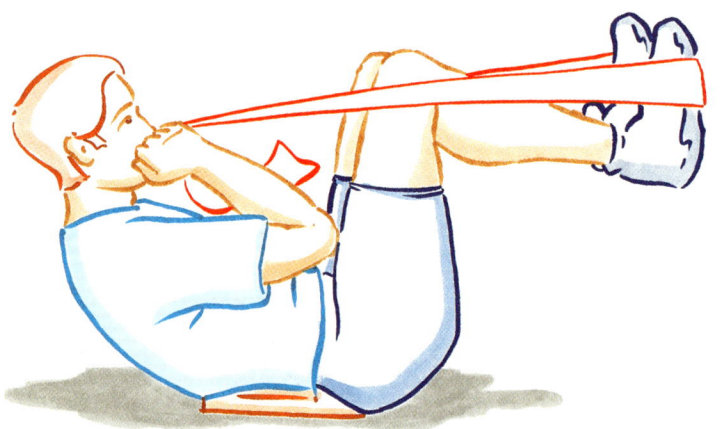

Endposition

Ziehen Sie sich mit Hilfe des Bandes hoch, indem Sie die Ellenbogengelenke beugen.

Der Oberkörper rollt so weit nach vorne, bis die Schulterblätter keinen Kontakt zum Boden mehr haben.

Je mehr Spannung das Band hat, desto leichter wird die Übung.

Gerade Bauchmuskulatur · Übung 3

Trainingsziel   Muskelaufbau für Anfänger · Kraftausdauer für Fortgeschrittene

Übungsablauf   Muskelaufbau: Wiederholungen: 8–15 · Pause: 1–2 Minuten ·
Durchgänge: 3–5
Kraftausdauer: Wiederholungen: 15–30 · Pause: 20–30 Sekunden ·
Durchgänge: 3–5

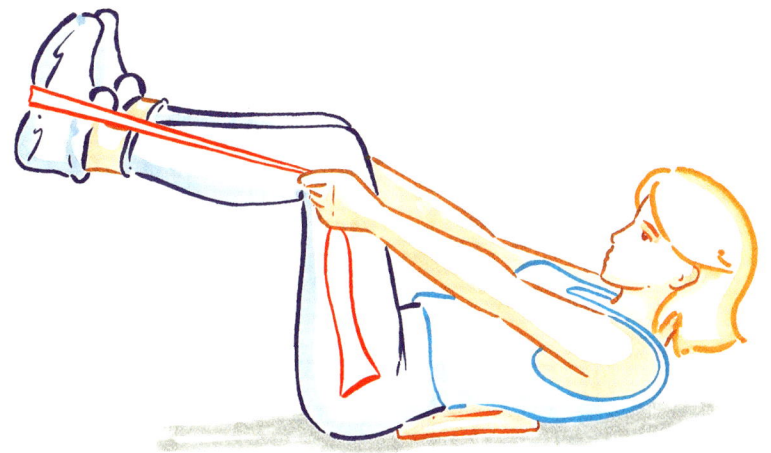

Ausgangsposition

Wie bei den vorausgegangenen Übungen legen Sie sich auf den Rücken und halten die Beine in einem 90°-Winkel hoch.

Die Enden des Dyna-Bandes halten Sie mit beiden Händen fest.

**Schwierigkeitsgrad:
mittel**

Endposition

Beim Hochziehen lassen Sie dieses Mal die Arme durchgestreckt.

Der Oberkörper rollt so weit nach vorne, dass die Schulterblätter keinen Kontakt mehr zum Boden haben.

Gerade Bauchmuskulatur · Übung 4

Trainingsziel   Muskelaufbau für Fortgeschrittene · Kraftausdauer für Könner

Übungsablauf   Muskelaufbau: Wiederholungen: 8–15 · Pause: 1–2 Minuten · Durchgänge: 3–5
Kraftausdauer: Wiederholungen: 15–30 · Pause: 20–30 Sekunden · Durchgänge: 3–5

Ausgangsposition

Befestigen Sie das Dyna-Band in etwa halber Körperhöhe, z. B. an einem Türgriff.

Legen Sie sich auf den Rücken, mit Blickrichtung weg vom Dyna-Band, und winkeln Sie die Beine an.

Nehmen Sie die Enden des Bandes, und strecken Sie die Arme aus.

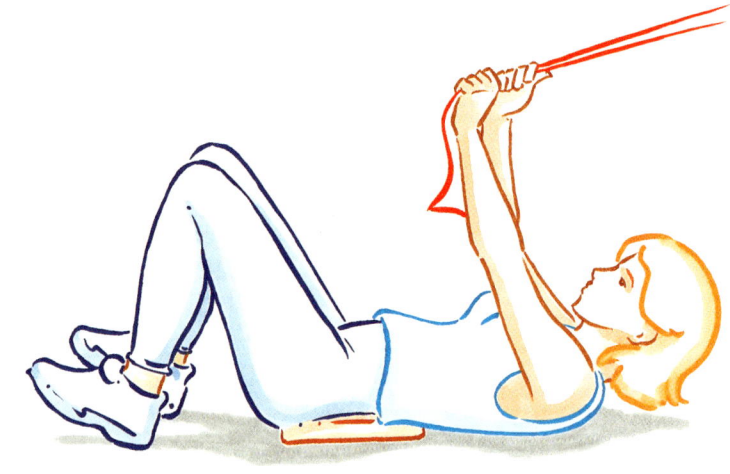

Schwierigkeitsgrad: schwer

Endposition

Die Arme bleiben gestreckt.

Nun rollen Sie den Oberkörper so weit nach vorne, bis die Schulterblätter keinen Kontakt mehr zum Boden haben.

Gerade Bauchmuskulatur · Übung 5

Trainingsziel Muskelaufbau für Fortgeschrittene · Kraftausdauer für Könner

Übungsablauf Muskelaufbau: Wiederholungen: 8–15 · Pause: 1–2 Minuten · Durchgänge: 3–5

Kraftausdauer: Wiederholungen: 15–30 · Pause: 20–30 Sekunden · Durchgänge: 3–5

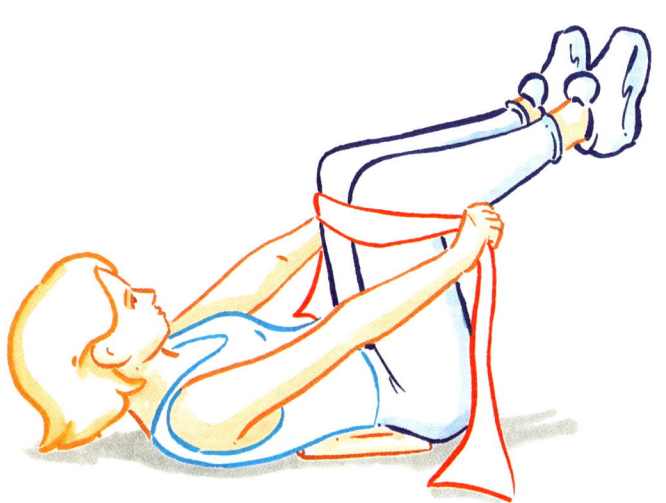

Ausgangsposition

Legen Sie sich auf den Rücken, und heben Sie die Beine in einem 90°-Winkel an.

Das Dyna-Band nehmen Sie mit gestreckten Armen etwa schulterbreit.

Stemmen Sie das Band gegen Ihre Oberschenkel.

Schwierigkeitsgrad: schwer

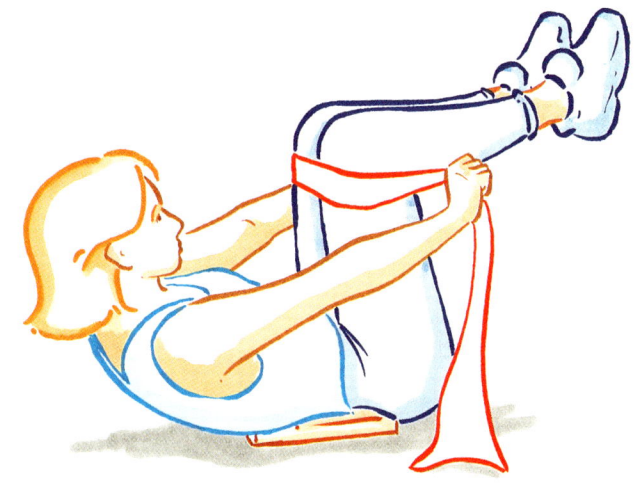

Endposition

Nun rollen Sie den Oberkörper so weit nach vorne, bis die Schulterblätter keinen Kontakt mehr zum Boden haben.

Die Arme bleiben gestreckt.

Gerade Bauchmuskulatur · Übung 6

Trainingsziel   Muskelaufbau für Könner

Übungsablauf   Wiederholungen: 8–15 · Pause: 1–2 Minuten · Durchgänge: 3–5

Ausgangsposition

Legen Sie sich auf den Rücken, und heben Sie Ihre Beine so an, dass Ober- und Unterschenkel einen 90°-Winkel bilden.

Das Dyna-Band nehmen Sie etwa schulterbreit zwischen Ihre Hände und legen es über die Unterschenkel.

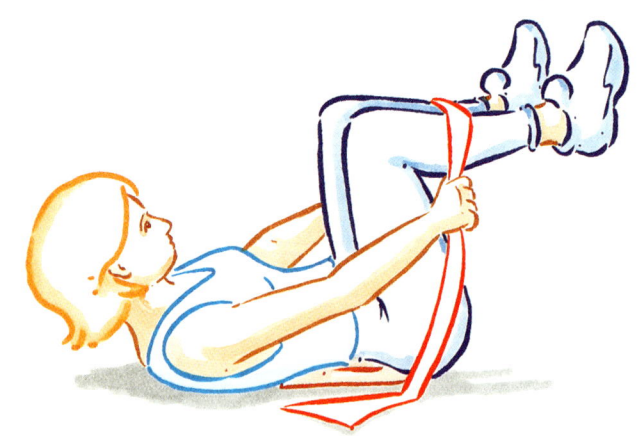

Schwierigkeitsgrad: schwer

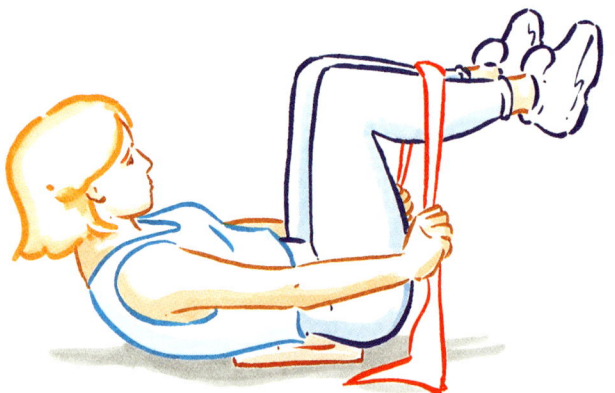

Endposition

Rollen Sie den Ober-körper so weit nach vorne, bis Ihre Schulter-blätter keinen Kontakt zum Boden mehr haben.

Die Arme drücken das Dyna-Band dabei in Richtung Boden.

Gerade Bauchmuskulatur • Übung 7

Trainingsziel   Muskelaufbau für Könner

Übungsablauf   Wiederholungen: 8–15 • Pause: 1–2 Minuten • Durchgänge: 3–5

Ausgangsposition

Befestigen Sie das Dyna-Band in etwa halber Körperhöhe, z. B. an einem Türgriff oder einem Heizkörper.

Legen Sie sich auf den Rücken, und strecken Sie Ihre Beine in einem Winkel von etwa 90° aus.

Schwierigkeitsgrad: schwer

Endposition

Nehmen Sie das Ende des Dyna-Bandes mit beiden Händen, und rollen Sie den Oberkörper nach vorne ein.

Gleichzeitig ziehen Sie jetzt die Knie so weit in Richtung Kopf, dass die Hände zwischen den Knien vorbeigehen.

Vorsicht: Die Beine nur so weit wegstrecken, dass Sie nicht in ein Hohlkreuz fallen!

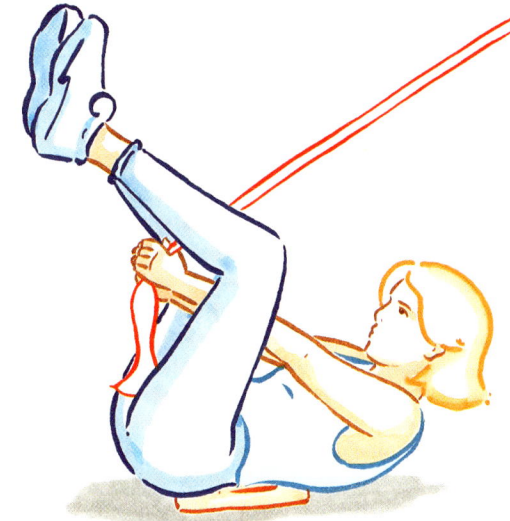

Quere Bauchmuskulatur • Übung

Trainingsziel   Muskelaufbau für Anfänger • Kraftausdauer für Fortgeschrittene

Übungsablauf   Muskelaufbau: Wiederholungen: 8–15 • Pause: 1–2 Minuten •
Durchgänge: 3–5
Kraftausdauer: Wiederholungen: 15–30 • Pause: 20–30 Sekunden •
Durchgänge: 3–5

Ausgangsposition

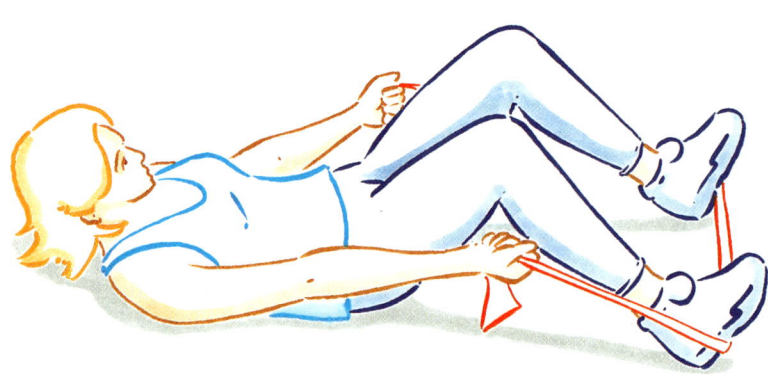

Legen Sie sich auf
den Boden.

Die Beine winkeln Sie
an und legen das Dyna-
Band über die Füße.

Bringen Sie das Band
mit gestreckten Armen
auf Vorspannung.

Schwierigkeitsgrad:
mittel

Endposition

Heben Sie den
Oberkörper leicht an.

Neigen Sie sich ge-
gen den Widerstand
des Bandes abwech-
selnd nach rechts
und nach links.

Die Arme bleiben
gestreckt.

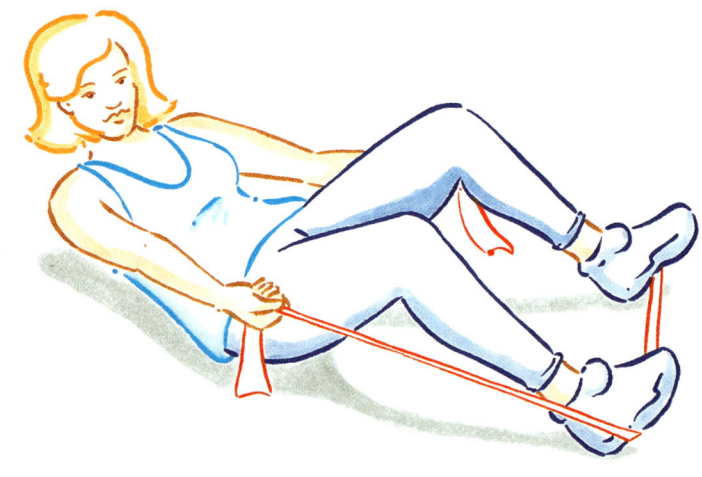

Schräge Bauchmuskulatur · Übung 1

Trainingsziel Kraftausdauer für Anfänger

Übungsablauf Wiederholungen: 15–30 · Pause: 20–30 Sekunden · Durchgänge: 3–5

Ausgangsposition

Lehnen Sie ein 30 bis 40 Zentimeter langes Brett im 45°-Winkel gegen die Wand, und führen Sie das Dyna-Band hinter dem Brett durch und über eine Schulter.

Setzen Sie sich mit dem Rücken zur Schräge, und winkeln Sie Ihre Beine dabei an.

Schwierigkeitsgrad: leicht

Endposition

Fassen Sie mit den Händen das Ende des Dyna-Bandes, und ziehen Sie es seitlich vor Ihren Knien vorbei.

Die Schulter bewegt sich dabei mit in Richtung zum gegenüberliegenden Knie.

Schräge Bauchmuskulatur • Übung 2

Trainingsziel   Kraftausdauer für Anfänger

Übungsablauf   Wiederholungen: 15–30 • Pause: 20–30 Sekunden • Durchgänge: 3–5

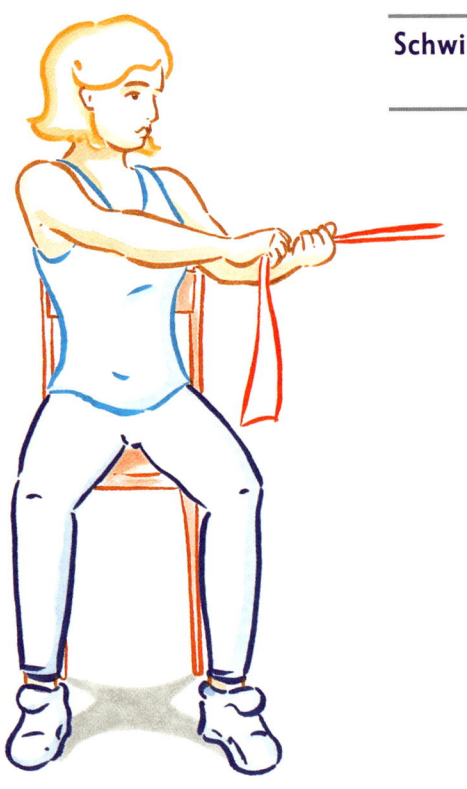

Schwierigkeitsgrad:
leicht

Ausgangsposition

Befestigen Sie das Dyna-Band auf etwa halber Körperhöhe (z. B. an einer Türklinke).

Setzen Sie sich seitlich zum Band auf einen Stuhl.

Nehmen Sie das Ende des Dyna-Bandes fest in beide Hände; strecken Sie jedoch die Arme nicht ganz aus.

Endposition

Nun drehen Sie den Oberkörper nach rechts und links.

Die Arme bleiben locker. Führen Sie die Dehnung nur so weit aus, dass sich Ihr Becken und Ihre Beine nicht mitbewegen.

Schräge Bauchmuskulatur • Übung 3

Trainingsziel   Muskelaufbau für Fortgeschrittene • Kraftausdauer für Könner

Übungsablauf   Muskelaufbau: Wiederholungen: 8–15 • Pause: 1–2 Minuten • Durchgänge: 3–5
Kraftausdauer: Wiederholungen: 15–30 • Pause: 20–30 Sekunden • Durchgänge: 3–5

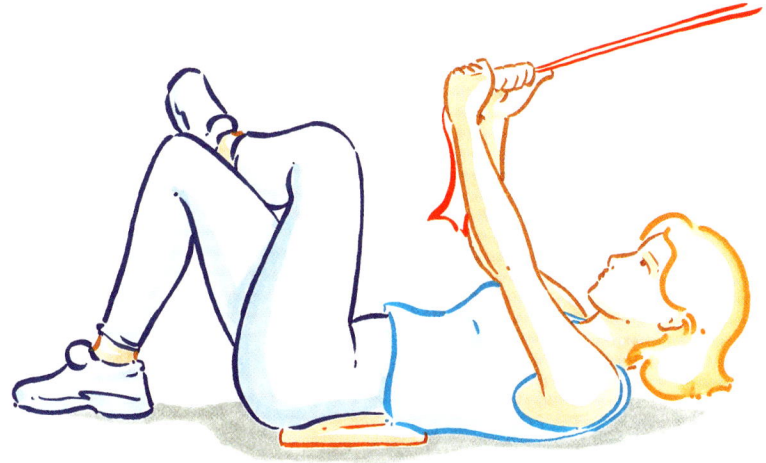

Ausgangsposition

Befestigen Sie das Dyna-Band an einem Türgriff oder einem Heizkörper. Legen Sie sich auf den Rücken, mit Blickrichtung weg vom Band.

Winkeln Sie ein Bein an, und legen Sie den Fuß des anderen Beines auf das Knie.

Greifen Sie mit beiden Händen das Bandende.

Endposition

Rollen Sie jetzt den Oberkörper schräg nach vorne, bis die Schulterblätter keinen Kontakt mehr mit dem Boden haben.

Neigen Sie sich in Richtung des aufgelegten Beines – also nach links, wenn Sie das linke Bein aufgestützt haben.

Die Arme bleiben relativ gestreckt.

Schwierigkeitsgrad: schwer

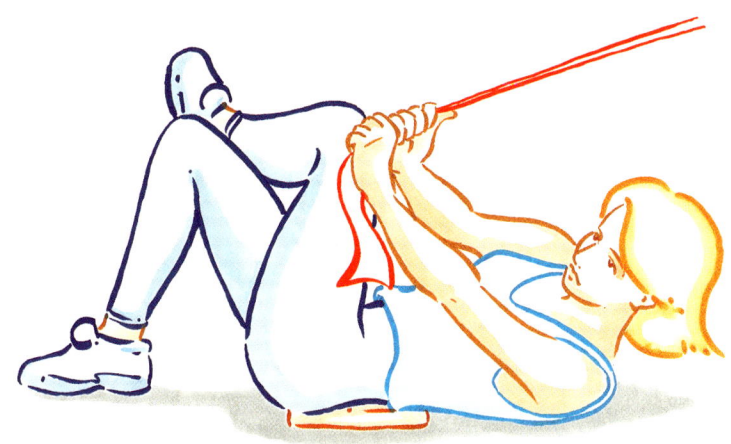

Schräge Bauchmuskulatur · Übung 4

Trainingsziel   **Muskelaufbau für Könner**

Übungsablauf   **Wiederholungen: 8–15 · Pause: 1–2 Minuten · Durchgänge: 3–5**

Ausgangsposition

Befestigen Sie das Dyna-Band in etwa halber Körperhöhe, z. B. an einem Türgriff oder einem Heizkörper.

Legen Sie sich auf den Rücken. Heben Sie die Beine so an, dass Unter- und Oberschenkel einen 90°-Winkel bilden.

Greifen Sie das Ende des Dyna-Bandes mit beiden Händen.

Schwierigkeitsgrad:
schwer

Endposition

Rollen Sie den Oberkörper nach schräg vorne ein, bis die Schulterblätter keinen Kontakt mehr zum Boden haben.

Gleichzeitig ziehen Sie die Knie schräg in Richtung Kopf, so weit, dass Hände und Knie aneinander vorbei gehen.

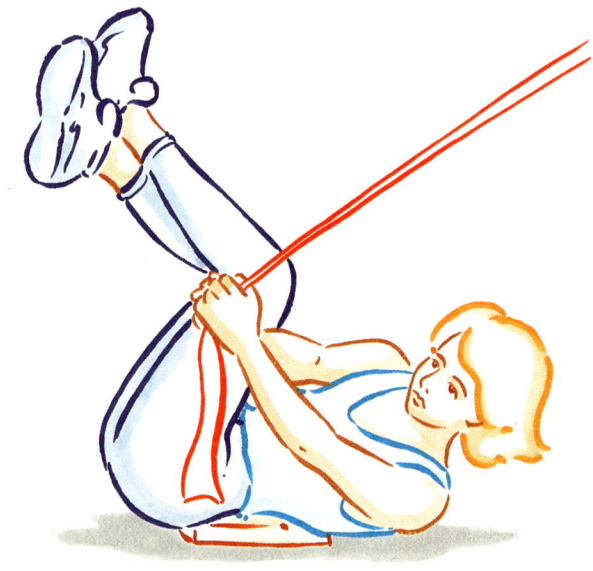

Untere Bauchmuskulatur • Übung 1

Trainingsziel Muskelaufbau für Fortgeschrittene • Kraftausdauer für Könner

Übungsablauf Muskelaufbau: Wiederholungen: 8–15 • Pause: 1–2 Minuten • Durchgänge: 3–5
Kraftausdauer: Wiederholungen: 15–30 • Pause: 20–30 Sekunden • Durchgänge: 3–5

Ausgangsposition

Befestigen Sie das Dyna-Band in etwa einem Meter Höhe, z. B. an einem Heizkörper.

Legen Sie sich auf den Rücken. Heben Sie die Beine so an, dass Unter- und Oberschenkel einen 90°-Winkel bilden.

Schlingen Sie das Band um die Oberschenkel.

Schwierigkeitsgrad: schwer

Endposition

Ziehen Sie nun Ihre Knie in Richtung Kopf, und heben Sie das Becken leicht vom Boden ab.

Mit den Armen stützen Sie sich ab; der Kopf geht etwas mit.

Vorsicht: Beine nur so weit wegstrecken, dass Sie nicht in ein Hohlkreuz fallen! Keinen Schwung holen!

Untere Bauchmuskulatur · Übung 2

Trainingsziel   **Muskelaufbau für Könner**

Übungsablauf   **Wiederholungen: 8–15 · Pause: 1–2 Minuten · Durchgänge: 3–5**

Ausgangsposition

Legen Sie sich auf den Rücken, und heben Sie die Beine so an, dass Unter- und Oberschenkel einen Winkel von 90° bilden.

Fassen Sie das Dyna-Band etwa schulterbreit. Drücken Sie es gegen Ihre Oberschenkel.

Der Kopf geht etwas nach vorne mit.

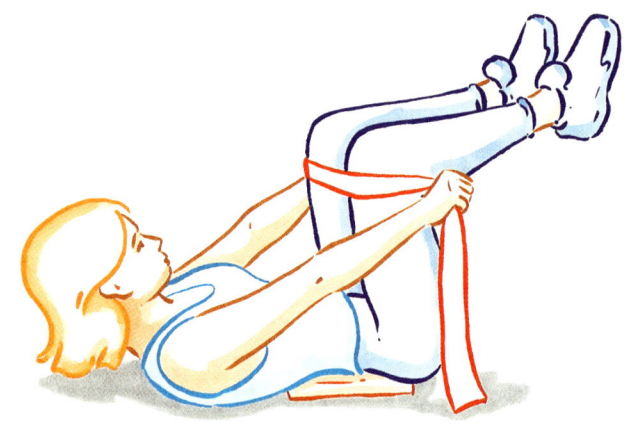

Schwierigkeitsgrad:
schwer

Endposition

Strecken Sie jetzt die Arme aus, und ziehen Sie die Knie gegen den Widerstand des Bandes in Richtung Kopf.

Der Rücken liegt auf, das Becken hebt sich jedoch mit der Bewegung leicht vom Boden ab.

Untere Bauchmuskulatur • Übung 3

Trainingsziel   **Muskelaufbau für Könner**

Übungsablauf   **Wiederholungen: 8–15 • Durchgänge: 3–5 • Pause: 1–2 Minuten**

Ausgangsposition

Legen Sie sich auf den Rücken. Heben Sie die Beine so an, dass Unter- und Oberschenkel einen 90°-Winkel bilden.

Fassen Sie das Dyna-Band etwa schulterbreit, und legen Sie es über Ihre Unterschenkel.

Der Kopf geht etwas nach vorne mit.

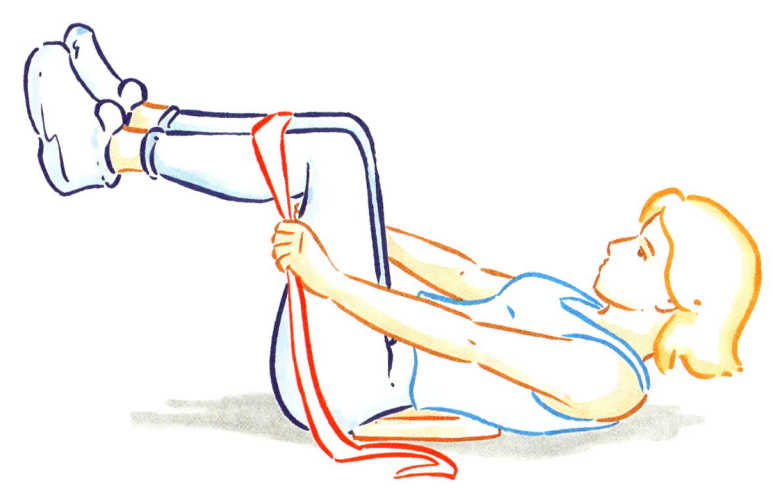

Schwierigkeitsgrad: schwer

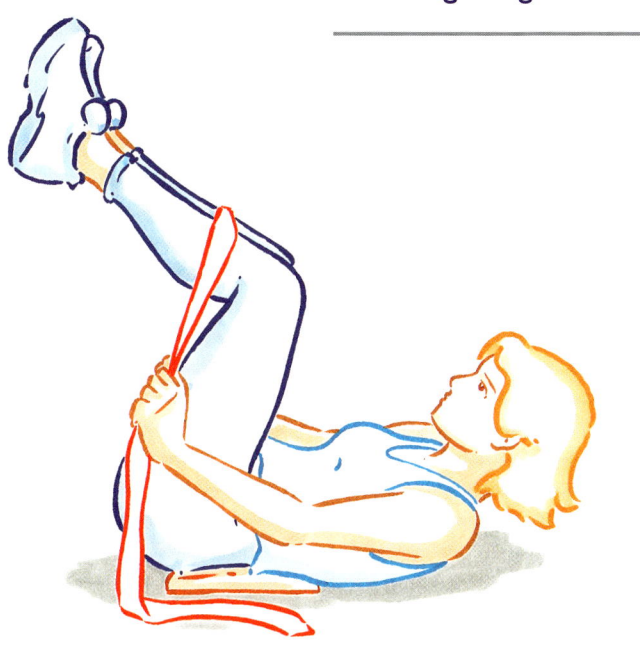

Endposition

Heben Sie nun das Becken langsam vom Boden ab.

Gleichzeitig gehen die Beine gegen den Widerstand des Bandes leicht nach oben. Die Arme bleiben unten.

Vorsicht: Keinen Schwung holen!

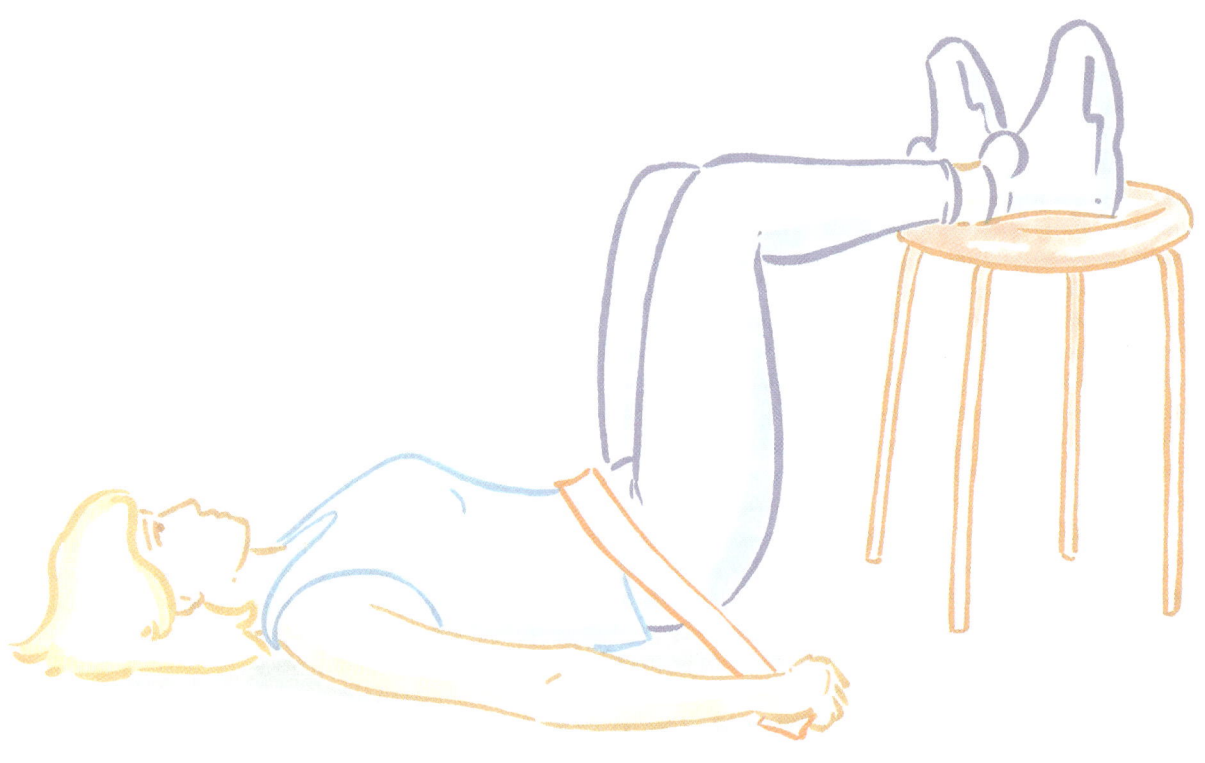

Übungen für die Beinmuskulatur

Schwerpunkt der folgenden Übungsreihe sind die Muskeln des Oberschenkels, allerdings wird die Wadenmuskulatur bei den meisten Übungen mitbeansprucht. Unterteilt wird allgemein zwischen den Kniestreckern der Oberschenkelvorderseite, den Kniebeugern auf der Rückseite und der inneren Oberschenkelmuskulatur. Der vierköpfige Schenkelstrecker ist der kräftigste Muskel unseres Körpers!

Zusammen mit der Beugemuskulatur, bestehend aus fünf verschiedenen Muskeln, ist er verantwortlich für die aktive Stabilisierung des Kniegelenks und ermöglicht somit das aufrechte Stehen und Gehen. Ein regelmäßiges Training der Beinmuskulatur empfiehlt sich vor allem auch für sportlich Aktive, die ihre Leistungsfähigkeit in den entsprechenden Disziplinen verbessern wollen.

Oberschenkelvorderseite · Übung 1

Trainingsziel   Kraftausdauer für Anfänger

Übungsablauf   Wiederholungen: 15–30 · Pause: 20–30 Sekunden · Durchgänge: 3–5

Ausgangsposition

Legen Sie sich auf den Rücken, und winkeln Sie ein Bein an.

Führen Sie die Mitte des Dyna-Bandes um den Fußballen des freien Beines, und fassen Sie die Enden mit beiden Händen.

Schwierigkeitsgrad: leicht

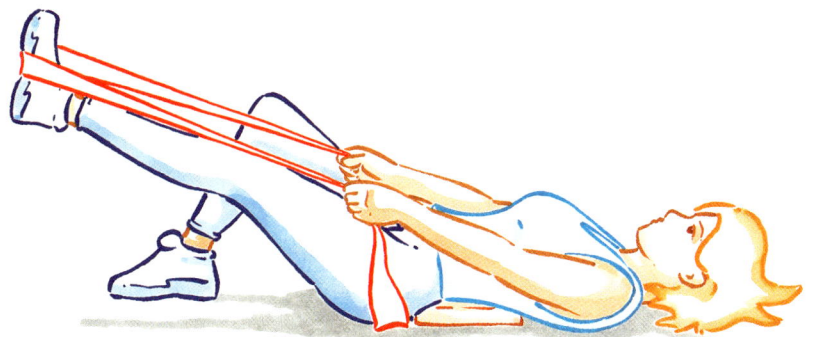

Endposition

Strecken Sie das Bein nach vorne aus.

Beachten Sie: Wie bei allen Übungen, bei denen der Rücken auf dem Boden aufliegen soll, können Sie Ihre Lendenwirbelsäule mit einem kleinen festen Kissen abstützen (eventuell ein spezielles Lendenkissen).

Oberschenkelvorderseite · Übung 2

Trainingsziel   Kraftausdauer für Anfänger

Übungsablauf   Wiederholungen: 15–30 · Pause: 20–30 Sekunden · Durchgänge: 3–5

**Schwierigkeitsgrad:
leicht**

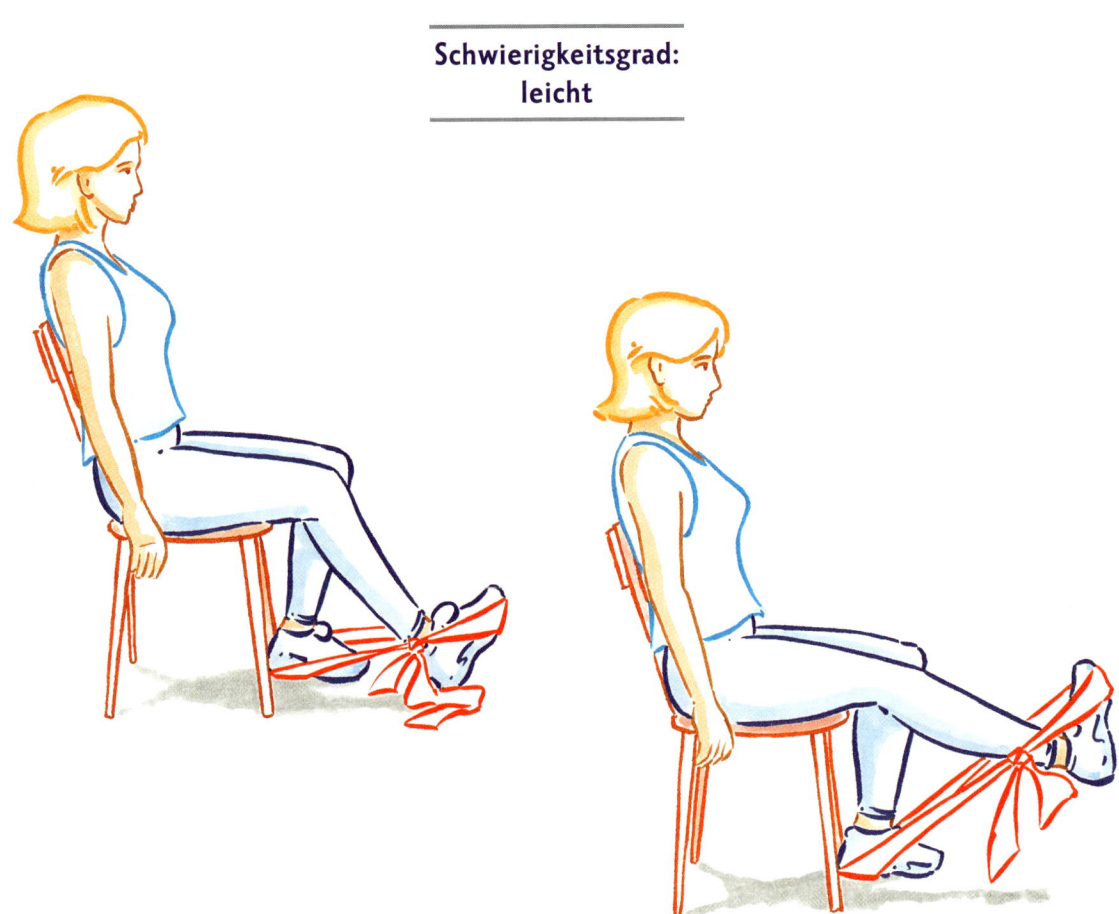

Ausgangsposition

Schlingen Sie das Dyna-Band um ein Stuhlbein, und verknoten Sie es mit einem Doppelknoten. Es bleibt eine etwa 50 Zentimeter lange Schlaufe frei.

Setzen Sie sich auf den Stuhl, und stemmen Sie einen Fuß in das Band. Das Dyna-Band liegt um den oberen Teil des Fußes.

Endposition

Nun strecken Sie das Bein nach oben. Sie spüren den Zug in der Oberschenkelmuskulatur.

Der Oberkörper und der Kopf bleiben gerade, die Arme lassen Sie seitlich hängen.

Oberschenkelvorderseite · Übung 3

Trainingsziel   Muskelaufbau für Anfänger · Kraftausdauer für Fortgeschrittene

Übungsablauf   Muskelaufbau: Wiederholungen: 8–15 · Pause: 1–2 Minuten ·
Durchgänge: 3–5
Kraftausdauer: Wiederholungen: 15–30 · Pause: 20–30 Sekunden ·
Durchgänge: 3–5

Schwierigkeitsgrad: mittel

Ausgangsposition

Knien Sie sich auf den Boden, das Dyna-Band schlingen Sie um die Unterschenkel.

Führen Sie die Enden des Bandes nach oben über Ihre Schultern, und fassen Sie es mit den Händen.

Ihre Arme winkeln Sie dabei an.

Endposition

Drücken Sie sich nun hoch in den Knie-stand.

Beim Zurückgehen nicht absetzen.

Der Rücken bleibt während der ganzen Abfolge gerade, die Arme angewinkelt.

Oberschenkelvorderseite • Übung 4

Trainingsziel   Muskelaufbau für Anfänger • Kraftausdauer für Fortgeschrittene

Übungsablauf   Muskelaufbau: Wiederholungen: 8–15 • Pause: 1–2 Minuten • Durchgänge: 3–5

Kraftausdauer: Wiederholungen: 15–30 • Pause: 20–30 Sekunden • Durchgänge: 3–5

Ausgangsposition

Legen Sie sich auf den Rücken, und stellen Sie ein Bein an.

Das andere Bein heben Sie im 90°-Winkel an und schlingen die Schlaufe des Dyna-Bandes über den Fußballen.

Die beiden Enden des Dyna-Bandes legen Sie unter Ihr Becken und fixieren es so mit Ihrem Körpergewicht.

**Schwierigkeitsgrad:
mittel**

Endposition

Halten Sie mit beiden Händen das Knie des angehobenen Beines fest.

Strecken Sie dann das Bein mit dem Dyna-Band ganz nach oben.

Der Unterschenkel wird ganz ausgestreckt, die Hände umfassen weiterhin das Knie. Rücken und Kopf bleiben am Boden liegen.

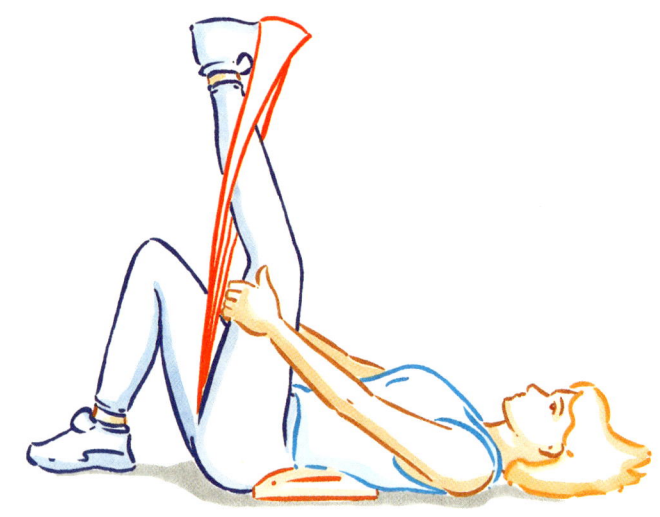

Oberschenkelvorderseite • Übung 5

Trainingsziel   Muskelaufbau für Anfänger • Kraftausdauer für Fortgeschrittene

Übungsablauf   Muskelaufbau: Wiederholungen: 8–15 • Pause: 1–2 Minuten •
Durchgänge: 3–5
Kraftausdauer: Wiederholungen: 15–30 • Pause: 20–30 Sekunden •
Durchgänge: 3–5

Schwierigkeitsgrad: mittel

Ausgangsposition

Stellen Sie sich in die Mitte des Dyna-Bandes, und fassen Sie mit jeder Hand eines der Enden.

Ihre Beine stehen etwas mehr als schulterbreit auseinander, die Fußspitzen zeigen nach außen.

Der Rücken ist gerade.

Endposition

Gehen Sie in die Kniebeuge, so als wollten Sie sich hinsetzen. Arme und Oberkörper gehen mit.

Danach richten Sie sich langsam und nicht zu ruckartig wieder auf.

Oberschenkelvorderseite · Übung 5 – Variante 1

Trainingsziel Muskelaufbau für Anfänger · Kraftausdauer für Fortgeschrittene

Übungsablauf Muskelaufbau: Wiederholungen: 8–15 · Pause: 1–2 Minuten · Durchgänge: 3–5

Kraftausdauer: Wiederholungen: 15–30 · Pause: 20–30 Sekunden · Durchgänge: 3–5

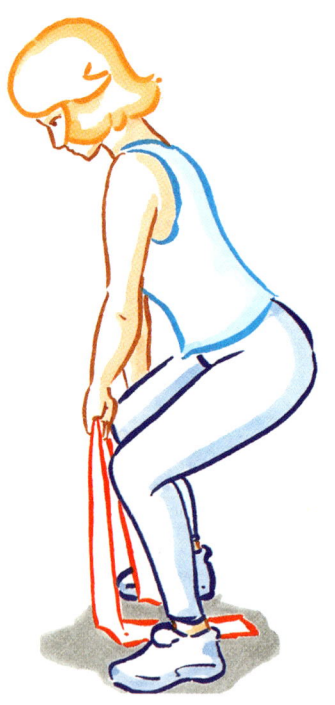

Schwierigkeitsgrad: mittel

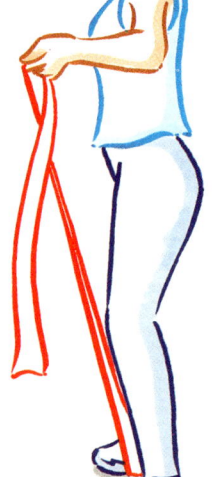

Ausgangsposition

Stellen Sie sich auf ein Ende des Dyna-Bandes.

Ihre Beine stehen etwas mehr als schulterbreit auseinander, die Fußspitzen zeigen nach außen.

Greifen Sie mit der gegenüberliegenden Hand das Ende des Dyna-Bandes, und gehen Sie in die Kniebeuge, so als wollten Sie sich hinsetzen.

Endposition

Beim Aufrichten führen Sie gleichzeitig den Arm schräg nach oben, bis auf Schulterhöhe.

Idealerweise führen Sie die Übung ohne abzusetzen und ohne ruckartigen Bewegungen durch.

Oberschenkelvorderseite · Übung 5 – Variante 2

Trainingsziel   Muskelaufbau für Fortgeschrittene/ Könner · Kraftausdauer für Könner

Übungsablauf   Muskelaufbau: Wiederholungen: 8–15 · Pause: 1–2 Minuten · Durchgänge: 3–5
Kraftausdauer: Wiederholungen: 15–30 · Pause: 20–30 Sekunden · Durchgänge: 3–5

Schwierigkeitsgrad: schwer

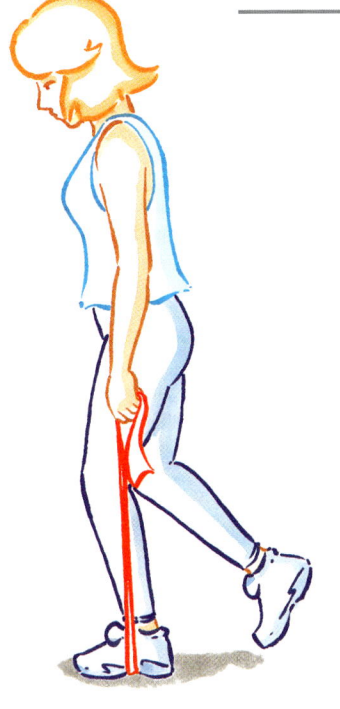 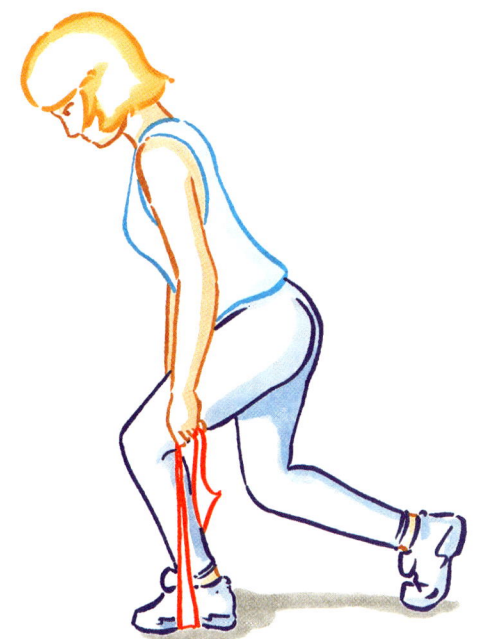

Ausgangsposition

Bei dieser Übung stellen Sie sich mit einem Bein in die Mitte des Dyna-Bandes. Das andere Bein ist unbelastet.

Greifen Sie mit den Händen die Enden des Bandes.

Endposition

Gehen Sie jetzt in die Kniebeuge, so als wollten Sie sich hinsetzen.

Mit dem freien Bein stützen Sie sich ab; Ihren Oberkörper neigen Sie leicht nach vorne.

Oberschenkelvorderseite · Übung 5 – Variante 3

Trainingsziel Muskelaufbau für Fortgeschrittene/ Könner · Kraftausdauer für Könner

Übungsablauf Muskelaufbau: Wiederholungen: 8–15 · Pause: 1–2 Minuten · Durchgänge: 3–5

Kraftausdauer: Wiederholungen: 15–30 · Pause: 20–30 Sekunden · Durchgänge: 3–5

Schwierigkeitsgrad:
schwer

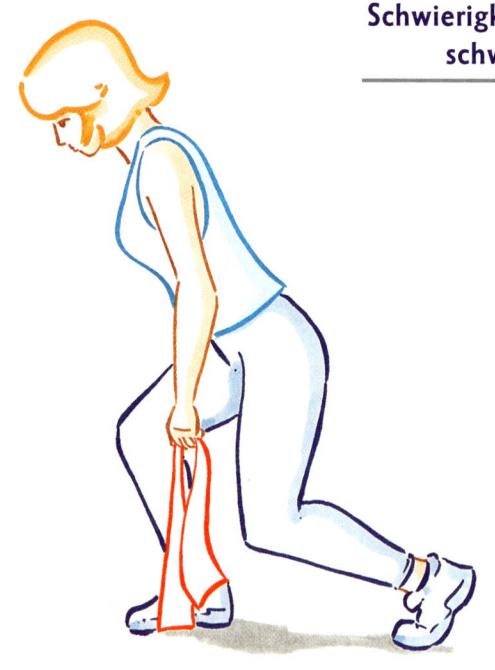

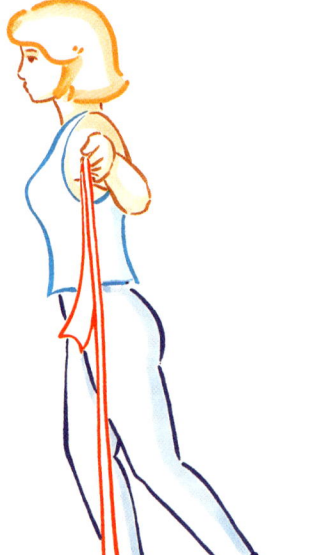

Ausgangsposition

Stellen Sie sich mit einem Bein auf ein Ende des Dyna-Bandes. Das andere Bein ist unbelastet.

Greifen Sie mit der gegenüberliegenden Hand das freie Ende des Bandes, und gehen Sie in die Kniebeuge, so als wollten Sie sich hinsetzen.

Endposition

Beim Aufstehen führen Sie den Arm, der das Dyna-Band festhält, schräg nach oben mit, bis auf Schulterhöhe.

Führen Sie diese Bewegung nicht ruckartig aus.

Innere Oberschenkelmuskulatur • Übung 1

Trainingsziel Kraftausdauer für Anfänger

Übungsablauf Wiederholungen: 15–30 • Pause: 20–30 Sekunden • Durchgänge: 3–5

Schwierigkeitsgrad: leicht

Ausgangsposition

Befestigen Sie das Dyna-Band in etwa 10 Zentimeter Höhe, z. B. an einem Heizkörper.

Schlingen Sie die Schlaufe des Bandes um ein Bein, und stellen Sie sich seitlich zum Band.

Endposition

Führen Sie nun das abgespreizte Bein am Standbein vorbei nach innen.

Vorsicht: Das Becken bewegt sich nicht mit!

Für einen besseren Stand können Sie sich mit einer Hand z. B. an einer Stuhlkante festhalten.

Innere Oberschenkelmuskulatur • Übung 2

Trainingsziel   Muskelaufbau für Anfänger • Kraftausdauer für Fortgeschrittene

Übungsablauf   Muskelaufbau: Wiederholungen: 8–15 • Pausen: 1–2 Minuten •
Durchgänge: 3–5
Kraftausdauer: Wiederholungen: 15–30 • Pausen: 20–30 Sekunden •
Durchgänge: 3–5

Schwierigkeitsgrad:
mittel

Ausgangsposition

Befestigen Sie das Dyna-Band auf Bodenhöhe, z. B. an einem Heizkörper.

Setzen Sie sich auf den Boden; ein Bein strecken Sie aus und wickeln die Schlaufe des Dyna-Bandes um den Fußknöchel.

Das andere Bein winkeln Sie an.

Endposition

Führen Sie das gestreckte Bein gegen den Widerstand des Bandes nach innen.

Mit den Armen stützen Sie sich während der Übung seitlich ab.

Innere Oberschenkelmuskulatur • Übung 3

Trainingsziel Muskelaufbau für Fortgeschrittene/Könner • Kraftausdauer für Könner

Übungsablauf Muskelaufbau: Wiederholungen: 8–15 • Pause: 1–2 Minuten •
Druchgänge: 3–5
Kraftausdauer: Wiederholungen: 15–30 • Pause: 20–30 Sekunden •
Druchgänge: 3–5

Ausgangsposition

Legen Sie sich auf
die Seite.

Knoten Sie das Dyna-
Band zu einer engen
Schlaufe, und schlin-
gen Sie diese um Ihre
Knöchel.

Das obere Bein ist
leicht angewinkelt, das
untere ausgestreckt.

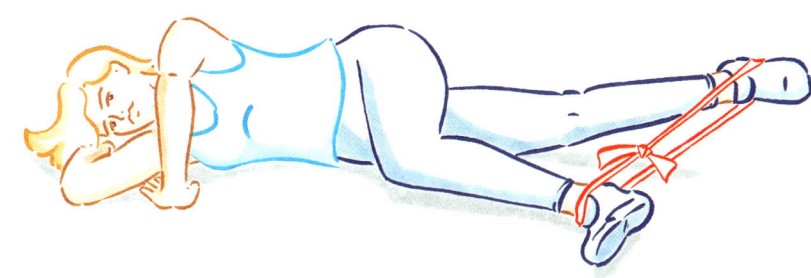

Schwierigkeitsgrad: schwer

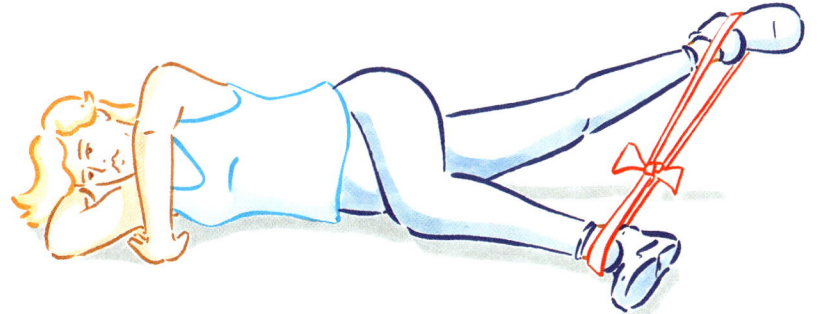

Endposition

Heben Sie jetzt das
hintere Bein gegen den
Bandwiderstand nach
oben und hinten weg.

Das Bein bleibt die ganze
Zeit über gestreckt.

Oberschenkelrückseite · Übung 1

Trainingsziel   Kraftausdauer für Anfänger

Übungsablauf   Wiederholungen: 15–30 · Pause: 20–30 Sekunden · Durchgänge: 3–5

Ausgangsposition

Befestigen Sie das Dyna-Band in etwa 10 bis 20 Zentimeter Höhe, z. B. an einem Heizkörper.

Schlingen Sie das Dyna-Band um die Ferse eines Beines, und legen Sie sich dann auf den Bauch.

Schwierigkeitsgrad: leicht

Endposition

Ziehen Sie das Bein mit dem Dyna-Band zu sich heran, indem Sie die Ferse zum Po führen.

Arme und Oberkörper bleiben ruhig liegen. Zum Abstützen können Sie sich ein kleines, festes Kissen unter den Bauch legen.

Oberschenkelrückseite · Übung 2

Trainingsziel   Muskelaufbau für Anfänger · Kraftausdauer für Fortgeschrittene

Übungsablauf   Muskelaufbau: Wiederholungen: 8–15 · Pause: 1–2 Minuten ·
Druchgänge: 3–5
Kraftausdauer: Wiederholungen:15–30 · Pause: 20–30 Sekunden ·
Durchgänge: 3–5

Ausgangsposition

Legen Sie sich auf den Boden und Ihre Beine in einem 90°-Winkel auf einen Stuhl.

Das vorgespannte Dyna-Band legen Sie über Ihr Becken und halten es mit den Armen fest.

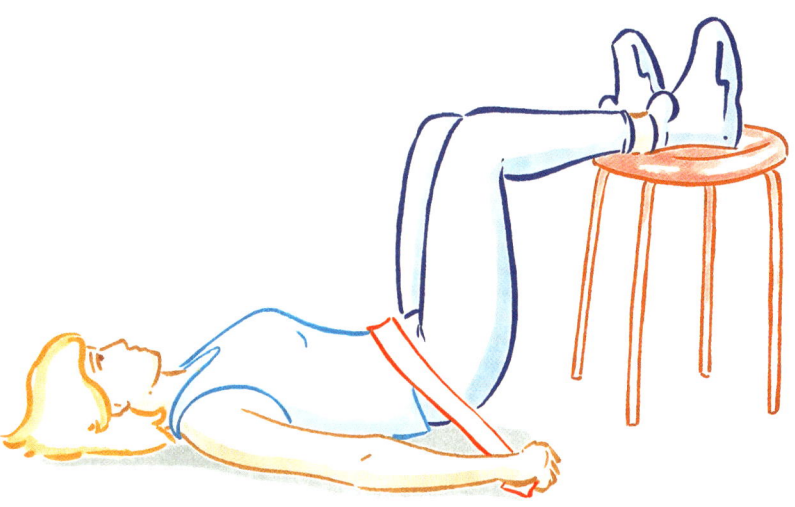

Schwierigkeitsgrad: mittel

Endposition

Heben Sie jetzt Ihr Becken gegen den Widerstand des Dyna-Bandes nach oben an.

Die Arme bleiben während der Übung seitlich gestreckt.

Oberschenkelrückseite · Übung 2 – Variante

Trainingsziel Muskelaufbau für Fortgeschrittene · Kraftausdauer/Muskelaufbau für Könner

Übungsablauf Muskelaufbau: Wiederholungen: 8–15 · Pause: 1–2 Minuten · Durchgänge: 3–5
Kraftausdauer: Wiederholungen: 15–30 · Pause: 20–30 Sekunden · Durchgänge: 3–5

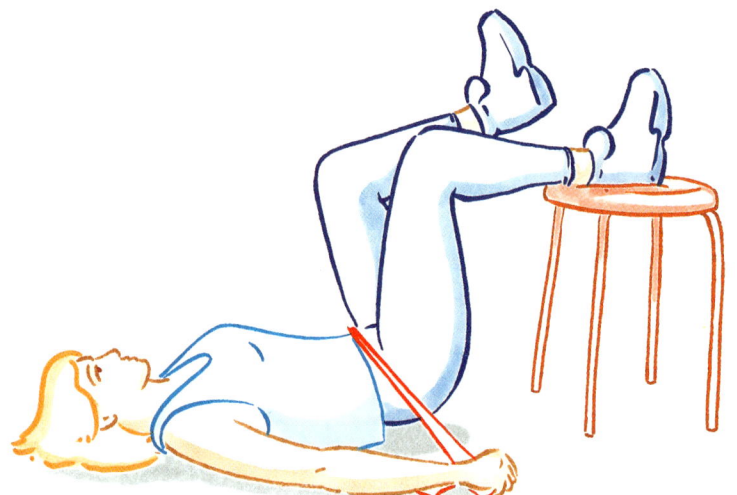

Ausgangsposition

Legen Sie ein Bein angewinkelt auf einen Stuhl, und fixieren Sie das vorgespannte Dyna-Band mit den Armen über dem Becken.

Das vorgespannte Dyna-Band legen Sie über Ihr Becken und halten es mit den Armen fest.

Schwierigkeitsgrad: schwer

Endposition

Heben Sie jetzt Ihr Becken gegen den Widerstand des Dyna-Bandes nach oben an.

Die Arme bleiben während der Übung seitlich gestreckt.

Oberschenkelrückseite • Übung 3

Trainingsziel Muskelaufbau für Anfänger • Kraftausdauer für Fortgeschrittene

Übungsablauf Muskelaufbau: Wiederholungen: 8–15 • Pause: 1–2 Minuten • Durchgänge: 3–5

Kraftausdauer: Wiederholungen: 15–30 • Pause: 20–30 Sekunden • Durchgänge: 3–5

Ausgangsposition

Stellen Sie sich vor einem Stuhl auf und stellen Sie sich mit einem Fuß auf die Enden des Dyna-Bands.

Schlingen Sie die freie Schlaufe um die Ferse des anderen Beines.

Beugen Sie sich nach vorne, und stützen Sie sich mit den Händen auf der Stuhlfläche ab.

Schwierigkeitsgrad: mittel

Endposition

Führen Sie nun die Ferse des freien Beines mit dem Dyna-Band so weit wie möglich zum Po.

Oberkörper und Arme bleiben gestreckt.

Wadenmuskulatur • Übung 1

Trainingsziel   Kraftausdauer oder Muskelaufbau für Anfänger • Kraftausdauer für Fortgeschrittene

Übungsablauf   Muskelaufbau: Wiederholungen: 8–15 • Pausen: 1–2 Minuten • Durchgänge 3–5
Kraftausdauer: Wiederholungen: 15–30 • Pausen: 20–30 Sekunden • Durchgänge: 3–5

Schwierigkeitsgrad:
mittel

Ausgangsposition

Stellen Sie sich mit den Fußballen auf das Dyna-Band.

Die Enden halten Sie mit beiden Händen fest.

Bringen Sie das Band mit gestreckten Armen auf Vorspannung.

Endposition

Heben Sie die Fersen vom Boden an, und drücken Sie sich gegen den Widerstand des Bandes so weit nach oben, wie Sie können, ohne Ihre Position zu verändern.

Arme und Rücken bleiben möglichst gestreckt.

Wadenmuskulatur • Übung 2

Trainingsziel   **Kraftausdauer oder Muskelaufbau für Könner**

Übungsablauf   **Muskelaufbau: Wiederholungen: 8–15 • Pause: 1–2 Minuten •**
Druchgänge: 3–5
Kraftausdauer: Wiederholungen: 15–30 • Pausen: 20–30 Sekunden •
Durchgänge: 3–5

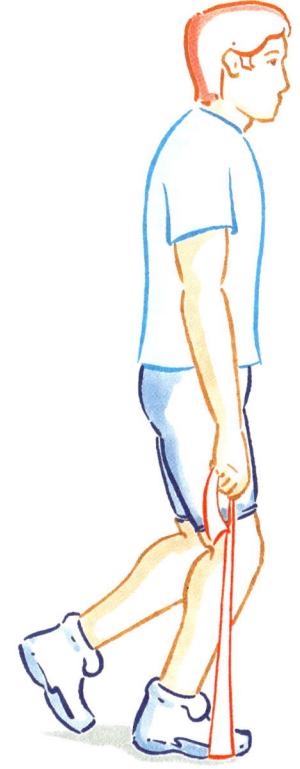

**Schwierigkeitsgrad:
schwer**

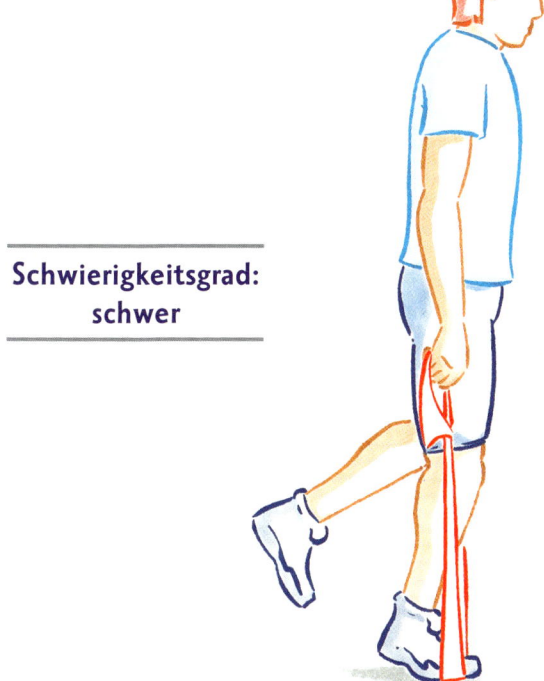

Endposition

Ausgangsposition

Bei dieser Übung stellen Sie sich nur mit einer Fußspitze auf das Dyna-Band.

Die Enden fassen Sie wieder mit den Händen und bringen das Band auf Vorspannung.

Das andere Bein strecken Sie leicht angewinkelt nach hinten weg.

Heben Sie die Ferse des Fußes, der das Band hält, vom Boden an.

Drücken Sie Ihren Körper so weit nach oben, wie es möglich ist, ohne Ihre Position zu verändern.

Die Arme bleiben während der Übung gestreckt.

Übungen für die Gesäßmuskulatur

Die Gesäßmuskulatur setzt sich zusammen aus dem großen, dem mittleren und dem kleinem Gesäßmuskel. Der kräftige große Gesäßmuskel übernimmt die Hauptfunktion bei der Streckung des Hüftgelenks. Damit ist er unentbehrlich für alle unsere Bewegungen, bei denen wir aus dem Sitz aufstehen oder das Bein abknicken, wie beim Treppensteigen oder Bergwandern sowie bei allen Sprung-übungen.

Der mittlere und der kleine Gesäßmuskel bewirken ein Abspreizen des Beines im Hüftgelenk und sind wichtig zur Stabilisierung der Hüfte beim Gehen und beim Laufen.
Bei den hier vorgestellten Übungen werden alle drei Muskelgruppen gezielt trainiert! Dabei gehen wir hier auch zunächst von »leicht« nach »schwer« vor und schließen das Kapitel mit kombinierten Übungen für Po und Beine ab.

Leichte Übungen • Übung 1

Trainingsziel Kraftausdauer für Anfänger

Übungsablauf Wiederholungen: 15–30 • Pause: 20–30 Sekunden • Durchgänge: 3–5

Schwierigkeitsgrad: leicht

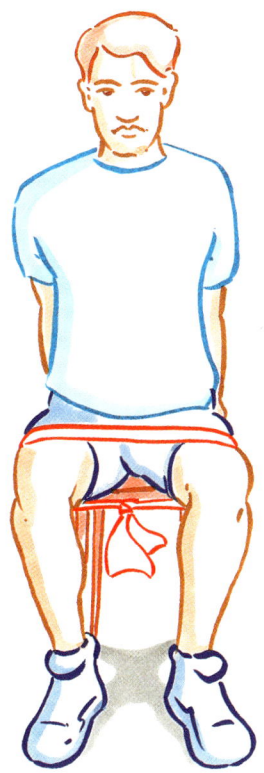

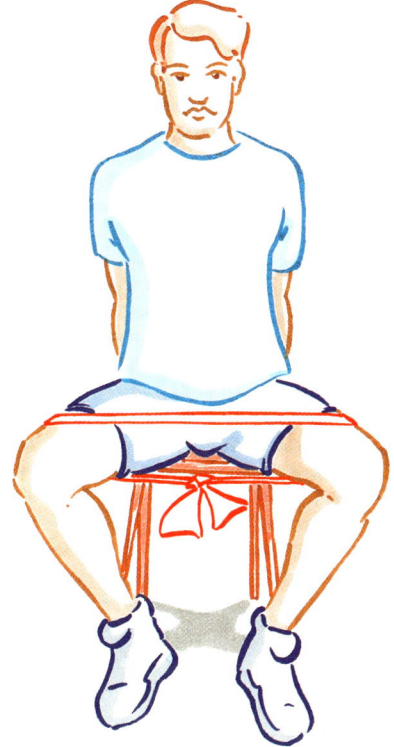

Ausgangsposition

Setzen Sie sich auf einen Stuhl.

Knoten Sie das Dyna-Band zusammen, und schlingen Sie es im Sitzen um beide Oberschenkel, kurz oberhalb der Knie.

Die Arme umfassen hinter dem Gesäß die Sitzfläche.

Endposition

Drücken Sie jetzt Ihre Oberschenkel gegen den Bandwiderstand nach außen.

Der Oberkörper bewegt sich nicht. Achten Sie auf eine aufrechte Haltung!

Leichte Übungen • Übung 1 – Variante

Trainingsziel   **Kraftausdauer für Anfänger**

Übungsablauf   **Wiederholungen: 15–30 • Pause: 20–30 Sekunden • Durchgänge: 3–5**

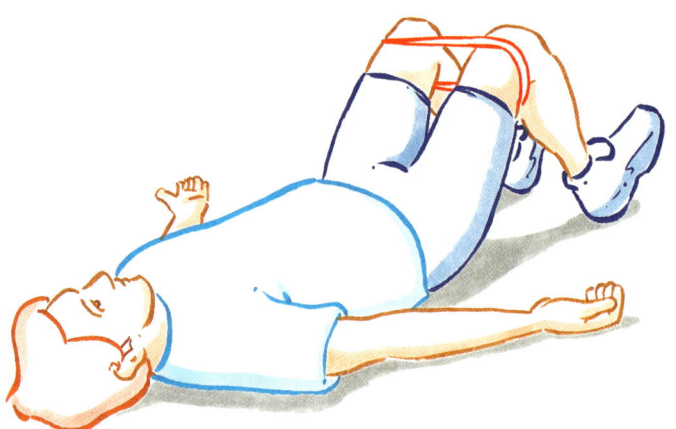

Ausgangsposition

Sie können die voran-
gegangene Übung auch
wie folgt im Liegen aus-
führen.

Legen Sie sich auf den
Rücken, und winkeln Sie
die Beine leicht an; die
Fersen sind aufgestellt.

Das zusammengeknotete
Dyna-Band schlingen Sie
wiederum um die Knie.

**Schwierigkeitsgrad:
leicht**

Endposition

Drücken Sie jetzt die
Beine gegen den
Widerstand des Bandes
auseinander.

Oberkörper und Arme
bleiben ruhig liegen.

Wählen Sie die für
Sie angenehmere
Ausgangsposition.

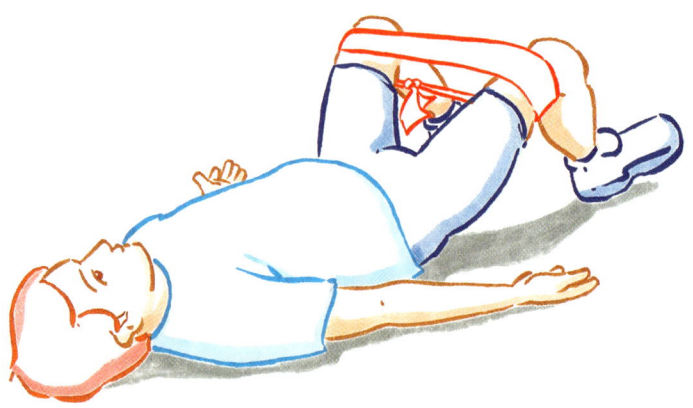

Leichte Übungen • Übung 2

Trainingsziel   Kraftausdauer und Muskelaufbau für Anfänger

Übungsablauf   Muskelaufbau: Wiederholungen: 8–15 • Pause: 1–2 Minuten •
Durchgänge: 3–5
Kraftausdauer: Wiederholungen: 15–30 • Pause: 20–30 Sekunden •
Durchgänge: 3–5

Ausgangsposition

Legen Sie sich auf die Seite, und halten Sie mit dem oberen Arm die Enden des Dyna-Bandes fixiert.

Die freie Schlinge des Bandes legen Sie um den Fuß des oberen Beines, das Sie zum Körper heranziehen und leicht anheben.

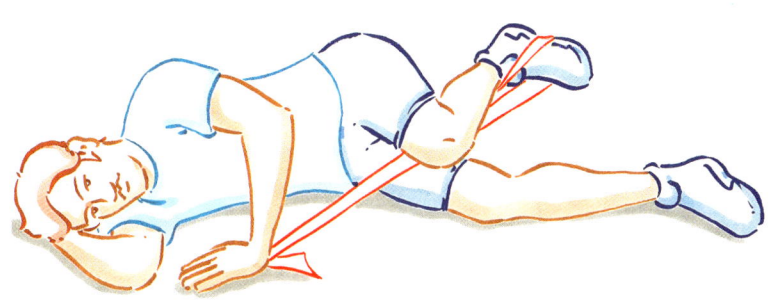

Schwierigkeitsgrad: leicht

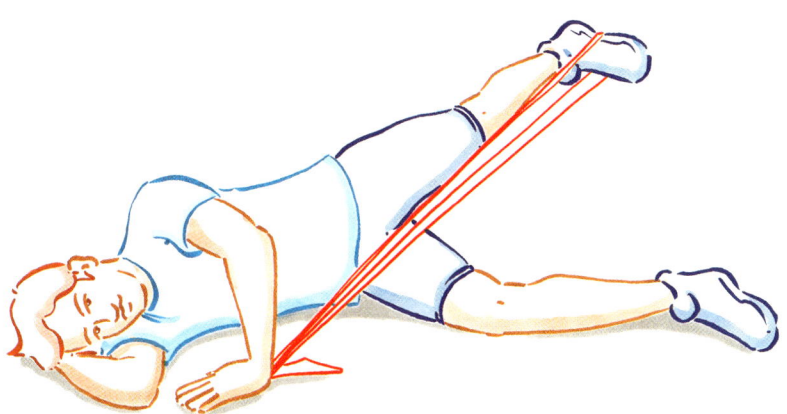

Endposition

Strecken Sie jetzt das angehobene Bein gegen den Bandwiderstand nach hinten weg.

Vorsicht: Vermeiden Sie ein Hohlkreuz, indem Sie das untere Bein nach vorne anwinkeln.

Leichte Übungen • Übung 3

Trainingsziel	**Kraftausdauer und Muskelaufbau für Anfänger**
Übungsablauf	**Muskelaufbau: Wiederholungen: 8–15 • Pause: 1–2 Minuten • Durchgänge: 3–5**
	Kraftausdauer: Wiederholungen: 15–30 • Pause: 20–30 Sekunden • Durchgänge: 3–5

Schwierigkeitsgrad:
leicht

Ausgangsposition

Stellen Sie sich vor einer Wand auf.

Mit einem Fuß stehen Sie auf den Enden des Dyna-Bandes. Machen Sie eine relativ enge Schlaufe, und schlingen Sie sie um den Knöchel des anderen Fußes.

Endposition

Strecken Sie das Bein gegen den Bandwiderstand nach hinten.

Stützen Sie sich dabei an der Wand ab, und vermeiden Sie eine Ausweichbewegung Ihres Oberkörpers.

Leichte Übungen • Übung 3 – Variante

Trainingsziel   Kraftausdauer und Maximalkraft für Anfänger

Übungsablauf   Muskelaufbau: Wiederholungen: 8–15 • Pause: 1–2 Minuten •
Durchgänge: 3–5
Kraftausdauer: Wiederholungen: 15–30 • Pause: 20–30 Sekunden •
Durchgänge: 3–5

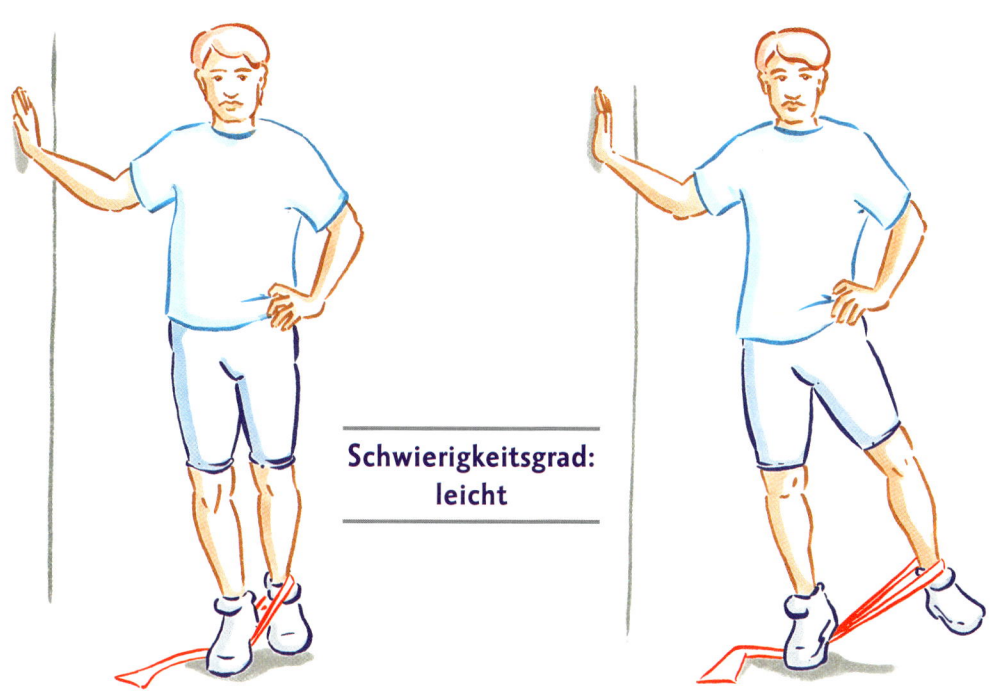

Schwierigkeitsgrad:
leicht

Ausgangsposition

Stellen Sie sich wie in der vorhergehenden
Übung mit einem Fuß auf die Enden des
Dyna-Bandes.

Diesmal stellen Sie sich seitlich zu einer
Wand auf.

Endposition

Stützen Sie sich seitlich an der Wand ab,
und spreizen Sie den Fuß gegen den Bandwiderstand zur Seite.

Vorsicht: Bleiben Sie gerade stehen, und
vermeiden Sie eine Ausweichbewegung
Ihres Oberkörpers.

Die Schlaufe des Dyna-Bandes schlingen
Sie um den Knöchel des anderen Fußes.

Übungen für Anfänger und Fortgeschrittene • Übung 1

Trainingsziel   **Muskelaufbau für Anfänger • Kraftausdauer für Fortgeschrittene**

Übungsablauf   **Muskelaufbau: Wiederholungen: 8–15 • Pause: 1–2 Minuten •
Durchgänge: 3–5
Kraftausdauer: Wiederholungen: 15–30 • Pause: 20–30 Sekunden •
Durchgänge: 3–5**

Ausgangsposition

Legen Sie sich auf die
Seite. Verknoten Sie das
Dyna-Band zu einer
engen Schlaufe, und
schlingen Sie es um Ihre
Unterschenkel.

Der Kopf ruht auf einem
Arm, mit dem anderen
stützen Sie sich ab.

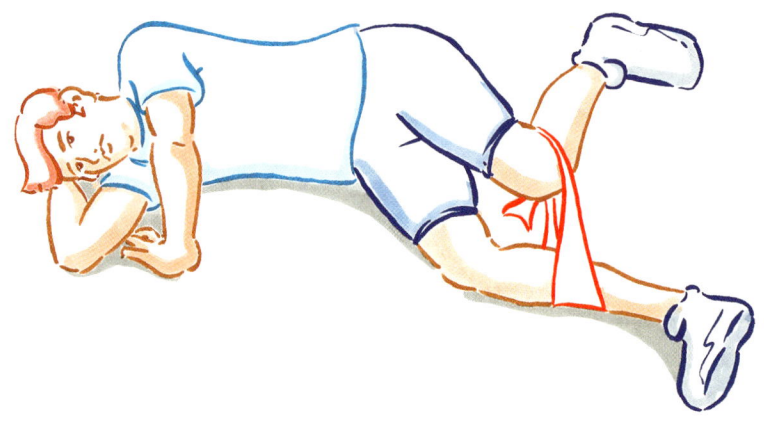

Schwierigkeitsgrad: leicht

Endposition

Strecken Sie die Hüfte
des oberen Beines gegen
den Widerstand des
Bandes nach hinten.

Achten Sie darauf,
dass beide Beine ange-
winkelt sind, und ver-
meiden Sie eine Über-
streckung ins Hohlkreuz.

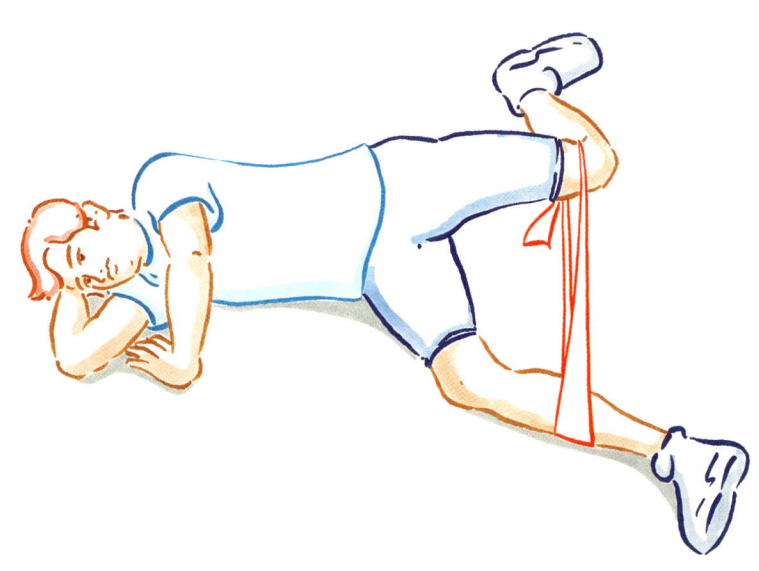

Übungen für Anfänger und Fortgeschrittene · Übung 2

Trainingsziel   Muskelaufbau für Anfänger · Kraftausdauer für Fortgeschrittene

Übungsablauf   Muskelaufbau: Wiederholungen: 8–15 · Pause: 1–2 Minuten · Durchgänge: 3–5
Kraftausdauer: Wiederholungen: 15–30 · Pause: 20–30 Sekunden · Durchgänge: 3–5

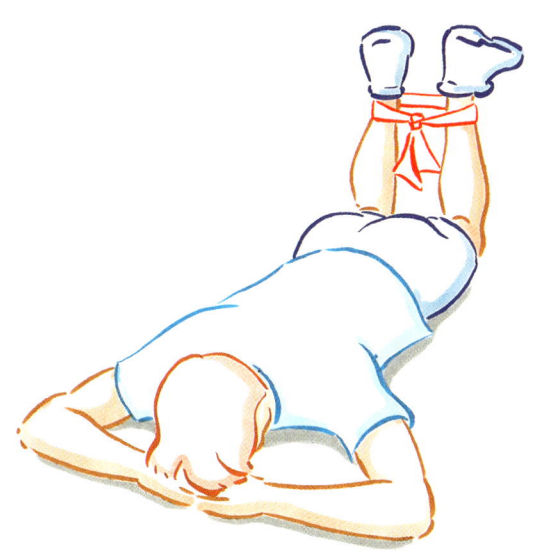

Ausgangsposition

Legen Sie sich auf den Bauch.

Knoten Sie das Dyna-Band zusammen, und schlingen Sie es ungefähr auf Knöchelhöhe um die Unterschenkel. Die Beine sind so angehoben, dass Ober- und Unterschenkel einen 90°-Winkel bilden.

**Schwierigkeitsgrad:
mittel**

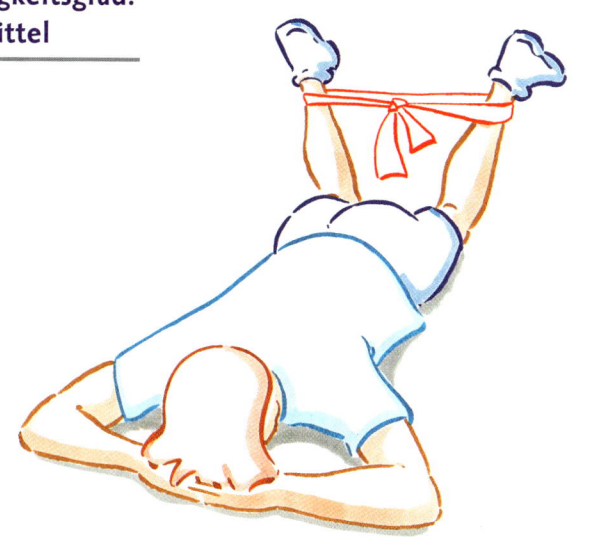

Endposition

Spreizen Sie die Unterschenkel gegen den Widerstand des Bandes auseinander.

Um ein Hohlkreuz zu vermeiden, legen Sie sich am besten ein kleines festes Kissen unter den Bauch.

Übungen für Anfänger und Fortgeschrittene · Übung 3

Trainingsziel Muskelaufbau für Fortgeschrittene · Kraftausdauer für Anfänger

Übungsablauf Muskelaufbau: Wiederholungen: 8–15 · Pause: 1–2 Minuten · Durchgänge: 3–5
Kraftausdauer: Wiederholungen: 15–30 · Pause: 20–30 Sekunden · Durchgänge: 3–5

Ausgangsposition

Legen Sie sich auf die Seite.

Verknoten Sie das Dyna-Band zu einer engen Schlaufe, und schlingen Sie es ungefähr auf Kniehöhe um die angewinkelten Beine.

**Schwierigkeitsgrad:
mittel**

Endposition

Strecken Sie nun das obere Bein gegen den Bandwiderstand nach oben.

Achten Sie darauf, die Position Ihres Oberkörpers nicht zu verändern.

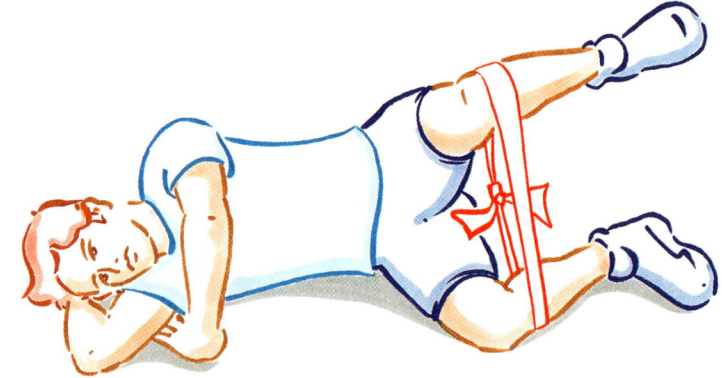

Übungen für Anfänger und Fortgeschrittene · Übung 4

Trainingsziel Muskelaufbau für Anfänger · Kraftausdauer für Fortgeschrittene

Übungsablauf Muskelaufbau: Wiederholungen: 8–15 · Pause: 1–2 Minuten · Durchgänge: 3–5

Kraftausdauer: Wiederholungen: 15–30 · Pause: 20–30 Sekunden · Durchgänge: 3–5

Ausgangsposition

Knien Sie sich im Vierfüßlerstand hin. Die Unterarme und Knie liegen am Boden auf, die Füße sind aufgestellt, und der Kopf bildet eine gerade Linie mit dem Rücken.

Mit einem Bein fixieren Sie die Enden des Dyna-Bandes. Die freie Schlaufe schlingen Sie etwas oberhalb des Knies um das andere Bein.

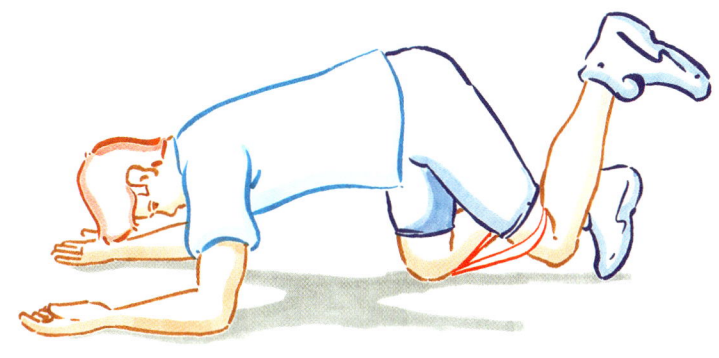

Schwierigkeitsgrad: mittel

Endposition

Strecken Sie nun das Bein gegen den Bandwiderstand angewinkelt nach oben.

Achten Sie darauf, dass Ihr Rücken gerade bleibt.

Übungen für Anfänger und Fortgeschrittene · Übung 5

Trainingsziel   Muskelaufbau für Anfänger · Kraftausdauer für Fortgeschrittene

Übungsablauf   Muskelaufbau: Wiederholungen: 8–15 · Pause: 1–2 Minuten ·
Durchgänge: 3–5
Kraftausdauer: Wiederholungen: 15–30 · Pause: 20–30 Sekunden ·
Durchgänge: 3–5

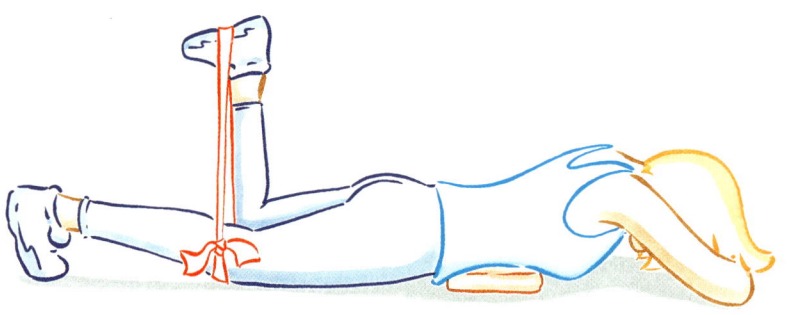

Ausgangsposition

Legen Sie sich auf den Bauch; ein Bein ist gerade ausgestreckt, das andere rechtwinklig angehoben.

Verknoten Sie das Dyna-Band, und wickeln Sie das eine Ende der Schlaufe um das Knie des ausgestreckten Beines, das andere um den Fuß des angehobenen Beines.

Schwierigkeitsgrad:
mittel

Endposition

Drücken Sie das angewinkelte Bein mit dem Band nach oben.

Der Bauch sollte mit einem kleinen festen Kissen unterlagert werden, um ein Hohlkreuz zu vermeiden.

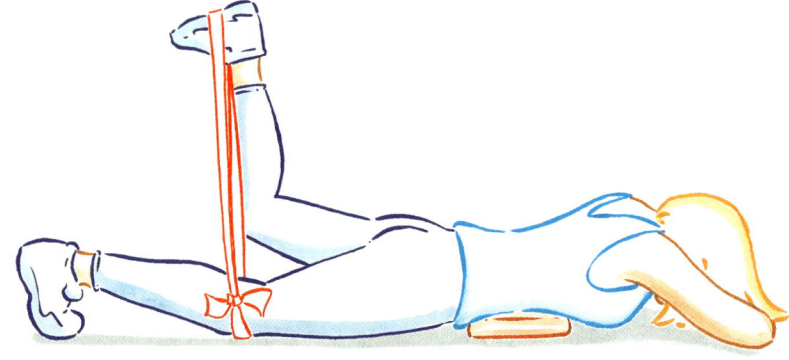

Übungen für Könner • Übung 1

Trainingsziel   **Kraftausdauer und Muskelaufbau für Könner**

Übungsablauf   **Muskelaufbau: Wiederholungen: 8–15 • Pause: 1–2 Minuten •**
Durchgänge: 3–5
Kraftausdauer: Wiederholungen: 15–30 • Pause: 20–30 Sekunden •
Durchgänge: 3–5

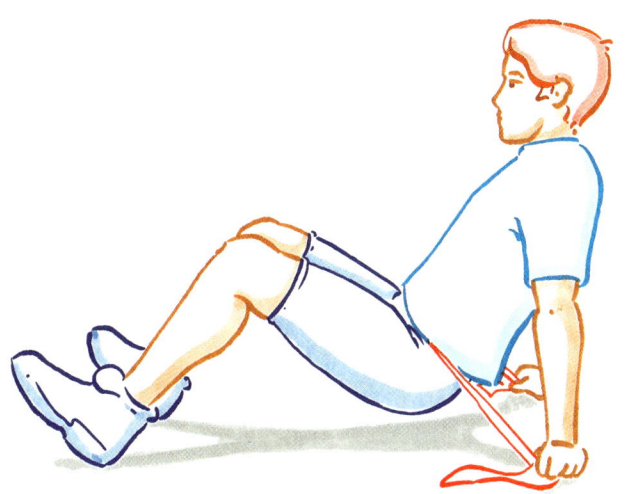

Ausgangsposition

Setzen Sie sich mit angewinkelten Beinen auf den Boden.

Legen Sie das Dyna-Band über Ihr Becken, und halten Sie es, bereits gespannt, mit den Händen am Boden fest.

Die Arme sind dabei gestreckt.

**Schwierigkeitsgrad:
schwer**

Endposition

Heben Sie jetzt Ihr Becken so weit wie möglich gegen den Bandwiderstand nach oben.

Während der gesamten Übung stehen Sie auf den Fersen. Die Arme bleiben gestreckt.

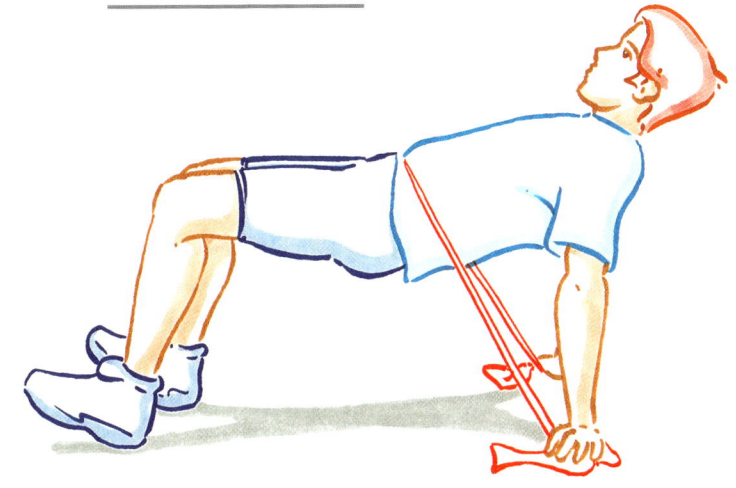

Übungen für Könner · Übung 2

Trainingsziel   Kraftausdauer und Muskelaufbau für Könner

Übungsablauf   Muskelaufbau: Wiederholungen: 8–15 · Pause: 1–2 Minuten ·
Durchgänge: 3–5
Kraftausdauer: Wiederholungen: 15–30 · Pause: 20–30 Sekunden ·
Durchgänge: 3–5

Ausgangsposition

Legen Sie sich mit an-
gewinkelten Beinen auf
den Rücken.

Schlingen Sie das Dyna-
Band über Ihr Becken,
und fixieren Sie es mit
den Händen am Boden.

Heben Sie ein Bein an.

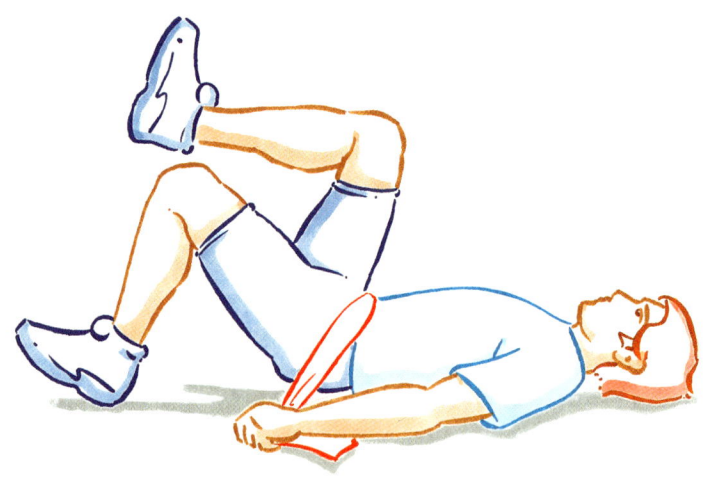

Schwierigkeitsgrad: schwer

Endposition

Heben Sie den Po, bis Ihr
Rumpf und das auf-
gestellte Bein eine Linie
bilden.

Während dieser Übung
stützen Sie sich mit der
Ferse ab; die Arme
bleiben ruhig liegen.

Übungen für Könner • Übung 3

Trainingsziel   **Muskelaufbau für Könner**

Übungsablauf   **Wiederholungen: 8–15 • Durchgänge: 3–5 • Pause: 1–2 Minuten**

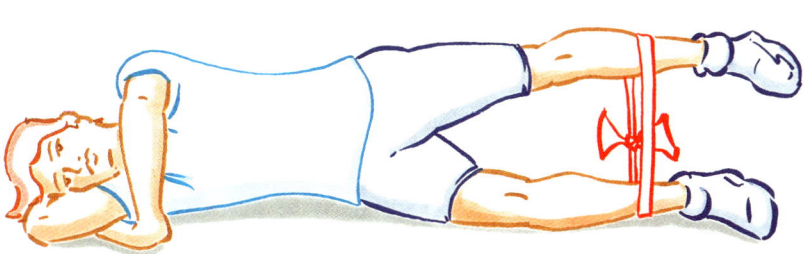

Ausgangsposition

Legen Sie sich auf die Seite. Verknoten Sie das Dyna-Band zu einer engen Schlaufe, und schlingen Sie es um Ihre Unterschenkel.

Das untere Bein winkeln Sie leicht an.

Schwierigkeitsgrad: schwer

Endposition

Heben Sie das obere Bein gegen den Widerstand des Bandes seitlich nach oben an.

Vermeiden Sie eine Ausweichbewegung. Lassen Sie den Oberkörper ruhig liegen, und stützen Sie sich mit einem Arm ab.

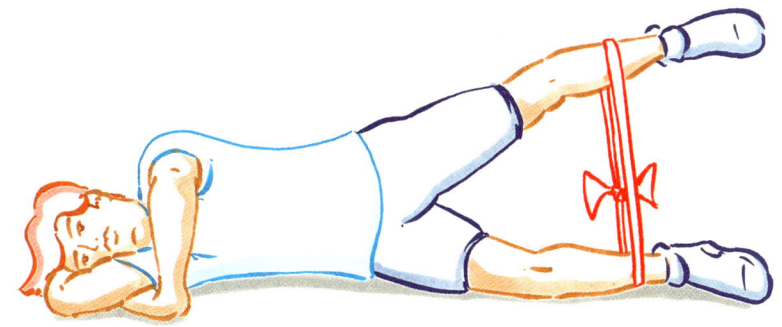

Übungen für Könner • Übung 4

Trainingsziel   **Muskelaufbau für Könner**

Übungsablauf   **Wiederholungen: 8–15 • Pause: 1–2 Minuten • Durchgänge: 3–5**

Ausgangsposition

Setzen Sie sich mit angewinkelten Beinen auf den Boden.

Legen Sie das Dyna-Band über Ihr Becken, und halten Sie es, bereits gespannt, mit den Händen am Boden fest. Die Arme sind dabei gestreckt.

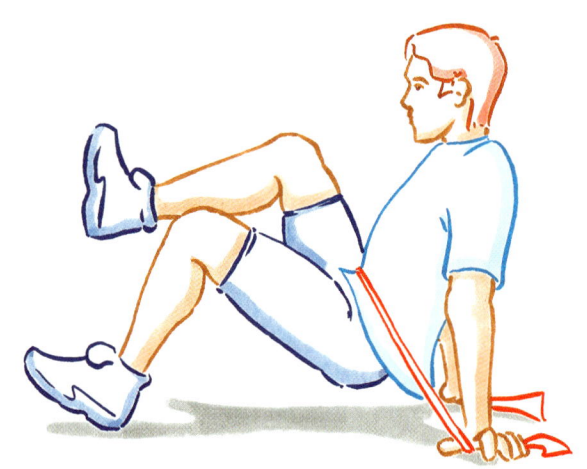

Schwierigkeitsgrad: schwer

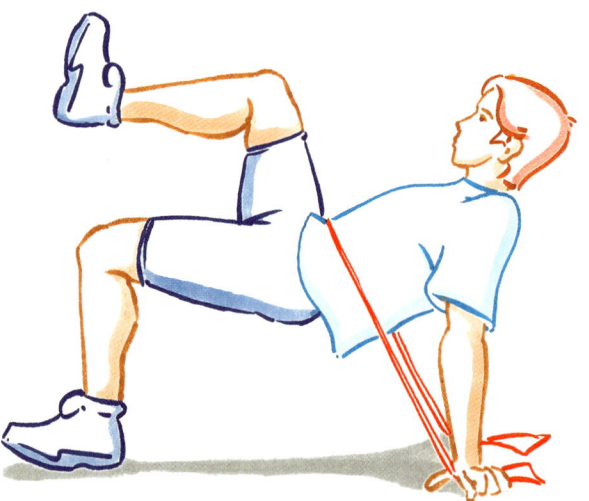

Endposition

Heben Sie jetzt ein Bein vom Boden ab, und drücken Sie Ihr Becken so weit wie möglich gegen den Bandwiderstand nach oben.

Während der gesamten Übung stehen Sie auf der Ferse; die Arme bleiben gestreckt.

Übungen für Po und Beine • Übung 1

Trainingsziel   Muskelaufbau für Anfänger • Kraftausdauer für Fortgeschrittene

Übungsablauf   Muskelaufbau: Wiederholungen: 8–15 • Pause: 1–2 Minuten •
                     Durchgänge: 3–5
                     Kraftausdauer: Wiederholungen: 15–30 • Pause: 20–30 Sekunden •
                     Durchgänge: 3–5

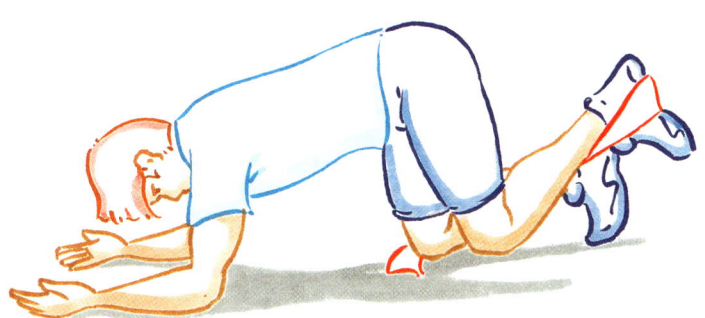

Ausgangsposition

Knien Sie sich im Vier-füßlerstand hin. Die Unterarme liegen am Boden auf, die Füße sind aufgestellt, und der Kopf bildet eine gerade Linie mit dem Rücken.

Mit einem Bein knien Sie sich auf die Enden des Dyna-Bandes. Die freie Schlaufe schlingen Sie um den Fuß des anderen Beines.

**Schwierigkeitsgrad:
mittel**

Endposition

Strecken Sie nun das Bein gegen den Bandwiderstand nach hinten aus.

Achten Sie darauf, dass Ihr Rücken gerade bleibt.

Diese Übung trainiert die Beinvorderseite und die Gesäßmuskulatur.

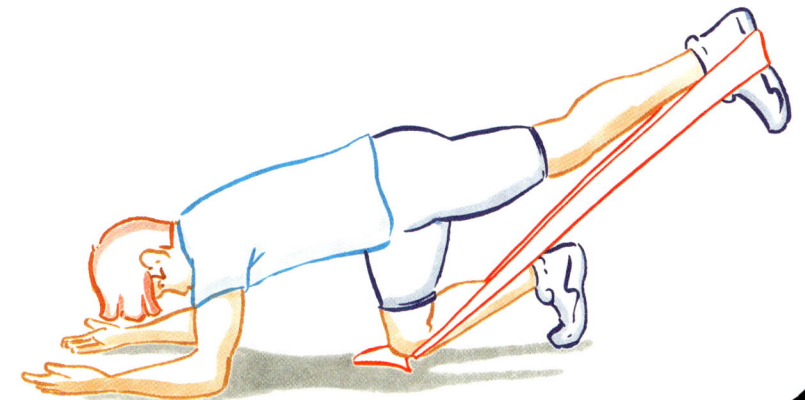

Übungen für Po und Beine • Übung 2

Trainingsziel Muskelaufbau für Anfänger • Kraftausdauer und Muskelaufbau für Fortgeschrittene

Übungsablauf Muskelaufbau: Wiederholungen: 8–15 • Pause: 1–2 Minuten • Durchgänge: 3–5

Kraftausdauer: Wiederholungen: 15–30 • Pause: 20–30 Sekunden • Durchgänge: 3–5

Ausgangsposition

Legen Sie sich mit an-
gewinkelten Beinen auf
den Rücken.

Schlingen Sie das Dyna-
Band über Ihr Becken,
und fixieren Sie es, be-
reits gespannt, mit den
Händen am Boden.

**Schwierigkeitsgrad:
mittel**

Endposition

Heben Sie gegen den
Bandwiderstand Ihr
Gesäß an, bis Ober-
schenkel und Rumpf
eine Linie bilden.

Die Arme bleiben
gestreckt.

Übungen für Po und Beine • Übung 3

Trainingsziel	**Muskelaufbau für Fortgeschrittene • Kraftausdauer für Könner**
Übungsablauf	**Muskelaufbau: Wiederholungen: 8–15 • Pause: 1–2 Minuten • Durchgänge: 3–5**
	Kraftausdauer: Wiederholungen: 15–30 • Pause: 20–30 Sekunden • Durchgänge: 3–5

Ausgangsposition

Bei dieser Übung wird zusätzlich die Schultermuskulatur trainiert.

Knien Sie im Vierfüßlerstand mit einem Bein auf den Enden des Dyna-Bandes. Die freie Schlaufe schlingen Sie um den Fuß des anderen Beines.

Schwierigkeitsgrad: mittel

Endposition

Strecken Sie das Bein gegen den Bandwiderstand nach hinten, während Sie gleichzeitig den entgegengesetzten Arm nach vorne bewegen.

Vermeiden Sie es, bei dieser Bewegung in ein Hohlkreuz zu fallen.

Übungen für die Rückenmuskulatur

Unsere Rückenmuskukatur ist in zwei Schichten angelegt: Die platten oberflächlichen Muskeln, die auf den Schultergürtel wirken, und die tiefen, die so genannten autochthonen Rückenmuskeln, deren Hauptfunktion die Streckung und Stabilisierung der Wirbelsäule ist. Eine gut trainierte Rückenmuskulatur ist von zentraler Bedeutung bei allen Aktivitäten im Alltag und im Sport.

Regelmäßiges Training in diesem Bereich beugt Verspannungen und Rückenbeschwerden vor. Außerdem trainieren wir in diesem Kapitel die seitliche Rumpfmuskulatur. Auch die viereckigen Lendenmuskeln (M. quadratus lumborum) dienen im Zusammenspiel mit den anderen Rumpfmuskeln der dynamischen Verspannung der Wirbelsäule; sie ziehen den Rumpf nach hinten bzw. zur Seite.

Gesamte Rückenmuskulatur • Übung 1

Trainingsziel   Kraftausdauer für Anfänger

Übungsablauf   Wiederholungen: 15–30 • Pause: 20–30 Sekunden • Durchgänge: 3–5

Schwierigkeitsgrad:
leicht

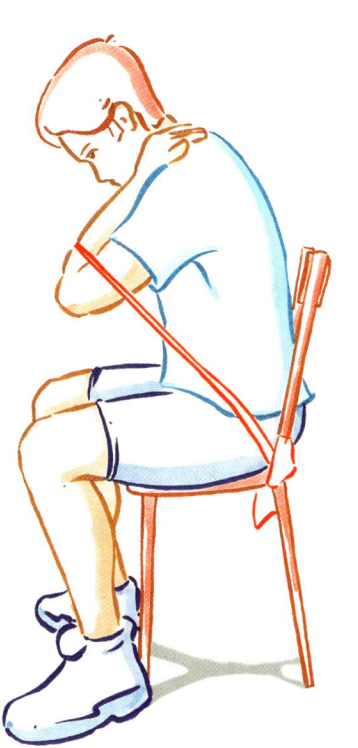

Ausgangsposition

Setzen Sie sich auf einem Stuhl auf die Enden des Dyna-Bandes, und spannen Sie es über Ihre Ellbogen. Wählen Sie, je nach Bandlänge, die für Sie optimale Vorspannung.

Legen Sie Ihre Hände in den Nacken; der Kopf ist leicht gebeugt.

Endposition

Heben und senken Sie den Oberkörper gegen den Bandwiderstand.

Die Ellbogen führen Sie dabei nach vorne und oben, während die Lendenwirbelsäule möglichst nicht mitbewegt werden sollte.

Gesamte Rückenmuskulatur • Übung 2

Trainingsziel   Muskelaufbau für Anfänger • Kraftausdauer für Fortgeschrittene

Übungsablauf   Muskelaufbau: Wiederholungen: 8–15 • Pause: 1–2 Minuten • Durchgänge: 3–5
Kraftausdauer: Wiederholungen: 15–30 • Pause: 20–30 Sekunden • Durchgänge: 3–5

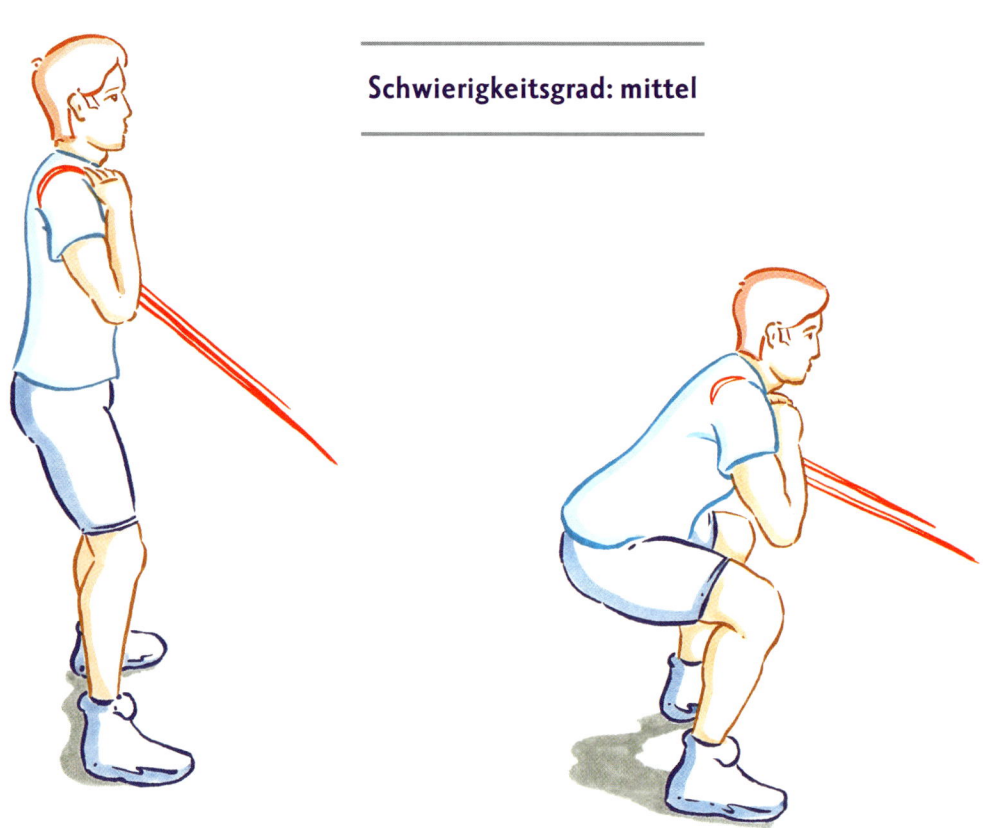

Schwierigkeitsgrad: mittel

Ausgangsposition

Befestigen Sie das Dyna-Band auf Bodenhöhe (z. B. an einem Schrankfuß oder Heizkörper).

Führen Sie es unter den Achseln hindurch, und halten Sie es mit beiden Händen an den Schultern fest.

Endposition

Richten Sie sich aus einer breitbeinigen Hockstellung gegen den Widerstand des Bandes auf.

Achten Sie während der gesamten Bewegung auf einen geraden Rücken.

Gesamte Rückenmuskulatur • Übung 2 – Variante

Trainingsziel   Muskelaufbau für Anfänger/Fortgeschrittene • Kraftausdauer für Könner

Übungsablauf   Muskelaufbau: Wiederholungen: 8–15 • Pause: 1–2 Minuten • Durchgänge: 3–5
Kraftausdauer: Wiederholungen: 15–30 • Pause: 1–2 Minuten • Durchgänge: 3–5

Schwierigkeitsgrad:
mittel

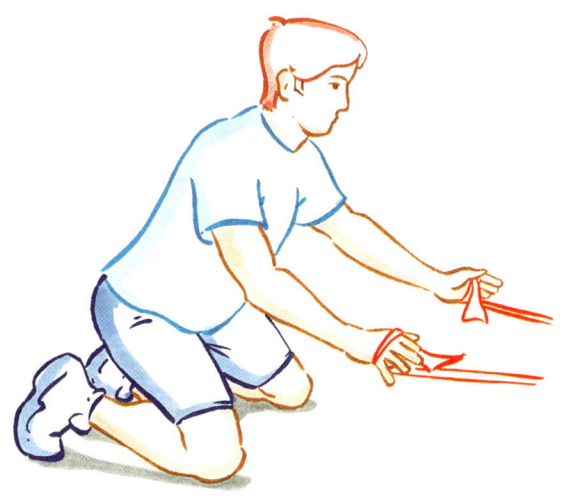 

Ausgangsposition

Befestigen Sie das Dyna-Band wie zuvor auf Bodenhöhe.

Knien Sie sich hin, und umfassen Sie die Enden des Dyna-Bandes mit beiden Händen.

Endposition

Richten Sie sich auf, und ziehen Sie gleichzeitig das Band bis auf Schulterhöhe nach hinten.

Der Rücken sollte während dieser Bewegungsabfolge möglichst gerade bleiben.

Gesamte Rückenmuskulatur • Übung 3

Trainingsziel	Kraftausdauer oder Muskelaufbau für Anfänger • Kraftausdauer für Fortgeschrittene
Übungsablauf	Muskelaufbau: Wiederholungen: 8–15 • Pause: 1–2 Minuten • Durchgänge: 3–5 Kraftausdauer: Wiederholungen: 15–30 • Pause: 20–30 Sekunden • Durchgänge: 3–5

Schwierigkeitsgrad:
mittel

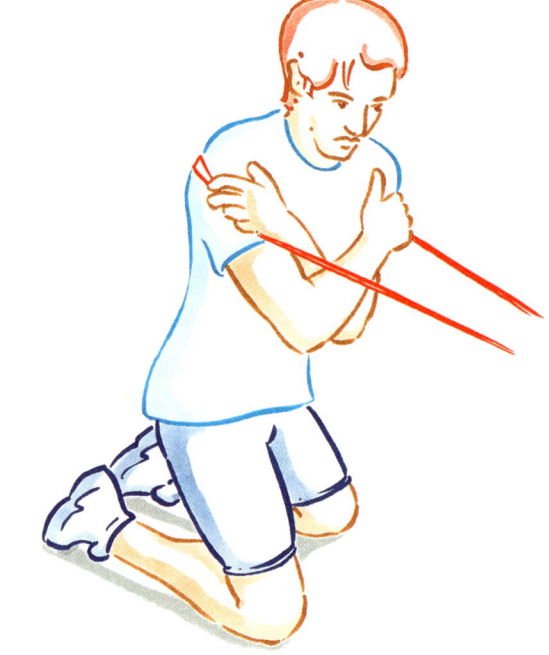

Ausgangsposition

Befestigen Sie das Dyna-Band auf Boden-höhe, z. B. an einem Heizkörper.

Knien Sie sich hin, und legen Sie sich die Schlaufe des Bandes breitflächig um die Schulterblätter.

Überkreuzen Sie die Arme, und halten Sie das Dyna-Band nahe am Körper fest.

Endposition

Drehen Sie sich jetzt in dieser Position um Ihre Längsachse.

Drehen Sie sich abwechselnd nach rechts und nach links.

Gesamte Rückenmuskulatur • Übung 4

Trainingsziel Muskelaufbau für Fortgeschrittene/Könner • Kraftausdauer für Könner

Übungsablauf Muskelaufbau: Wiederholungen: 8–15 • Pause: 1–2 Minuten •
Durchgänge: 3–5
Kraftausdauer: Wiederholungen: 15–30 • Pause: 20–30 Sekunden •
Durchgänge: 3–5

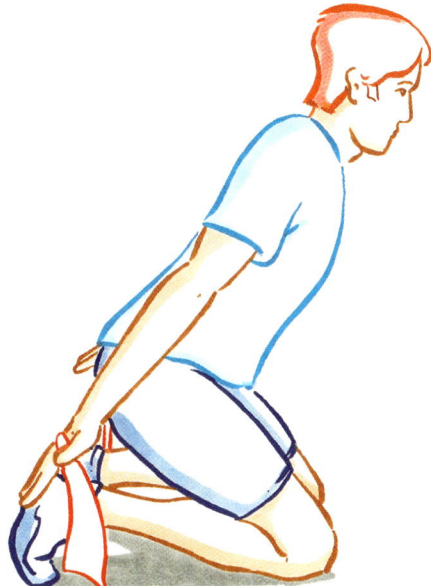

Schwierigkeitsgrad: schwer

Ausgangsposition

Knien Sie sich auf den Boden, die Fußspitzen sind aufgestellt.

Führen Sie das Dyna-Band unter den Un-
terschenkeln hindurch, und greifen Sie die
Enden mit beiden Händen.

Endposition

Ziehen Sie bei leicht vorgeneigtem Oberkörper das Band mit gestreckten Armen
nach hinten.

Vorsicht: Achten Sie auf einen geraden
Rücken!

Gesamte Rückenmuskulatur · Übung 5

Trainingsziel   Kraftausdauer oder Muskelaufbau für Könner

Übungsablauf   Muskelaufbau: Wiederholungen: 8–15 · Pause: 1–2 Minuten ·
Durchgänge: 3–5
Kraftausdauer: Wiederholungen: 15–30 · Pause: 20–30 Sekunden ·
Durchgänge: 3–5

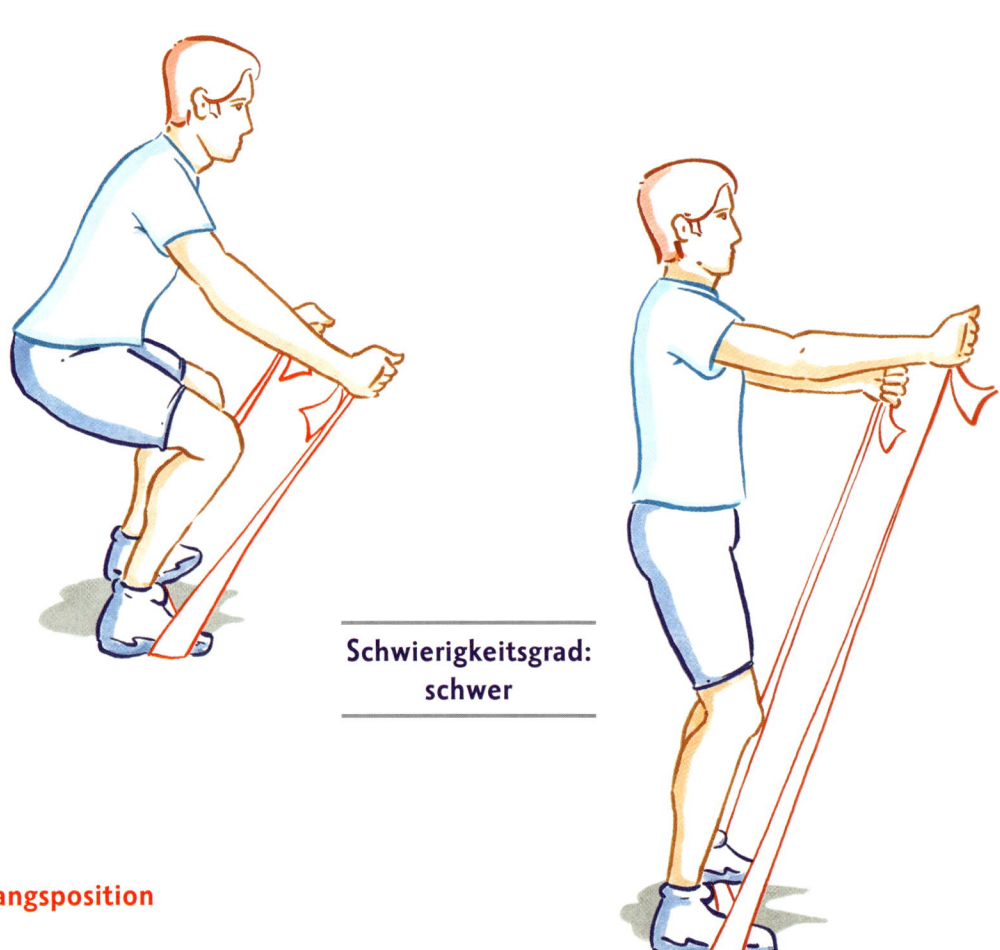

Schwierigkeitsgrad:
schwer

Ausgangsposition

Stellen Sie sich in breitbeiniger Hock-stellung und mit nach vorne geneigtem, geradem Rücken auf das Dyna-Band.

Mit den nach vorne gestreckten Armen greifen Sie die Enden, und bringen das Band auf Spannung.

Endposition

Richten Sie sich nur über eine Streckung der Beine nach oben auf, ohne die Position der Arme und des Rückens zu verändern.

Gesamte Rückenmuskulatur • Übung 6

Trainingsziel Kraftausdauer und Muskelaufbau für Könner

Übungsablauf Muskelaufbau: Wiederholungen: 8–15 • Pause: 1–2 Minuten •
Durchgänge: 3–5
Kraftausdauer: Wiederholungen: 15–30 • Pause: 20–30 Sekunden •
Durchgänge: 3–5

Ausgangsposition

Legen Sie sich auf den Bauch.

Umgreifen Sie das Dyna-Band mit nach vorne gestreckten Armen. Richten Sie Ihren Blick zu Boden.

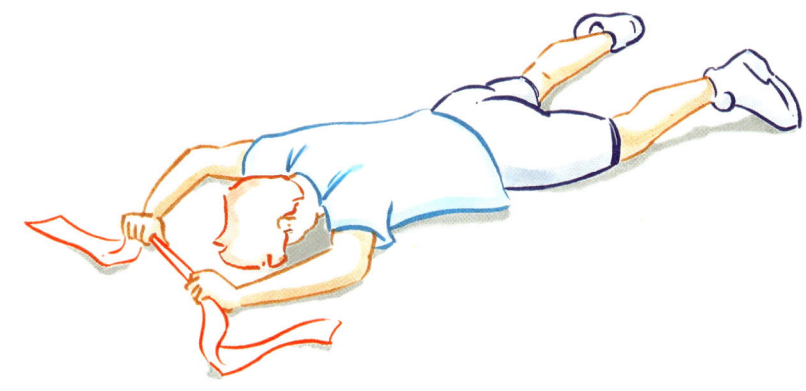

Schwierigkeitsgrad: schwer

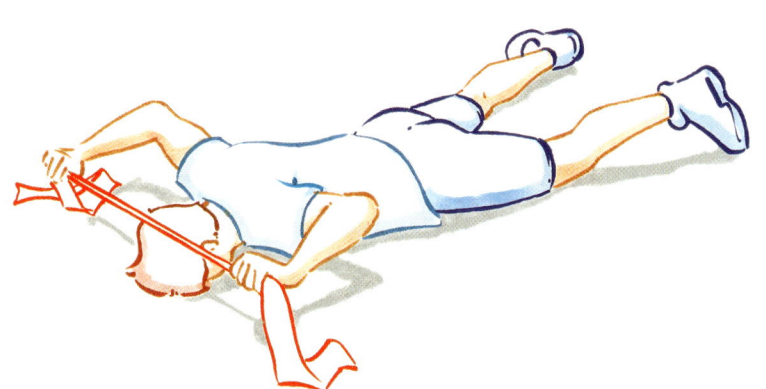

Endposition

Ziehen Sie die Ellbogen bis etwa auf Kopfhöhe nach außen, indem Sie Kopf und Arme leicht vom Boden abheben.

Vermeiden Sie ein Hohlkreuz. Dazu ziehen Sie die Bauchdecke leicht ein und drehen die angezogenen Fußspitzen nach außen.

Obere Rückenmuskulatur • Übung 1

Trainingsziel   Kraftausdauer für Anfänger

Übungsablauf   Wiederholungen: 15–30 • Pause: 20–30 Sekunden • Durchgänge: 3–5

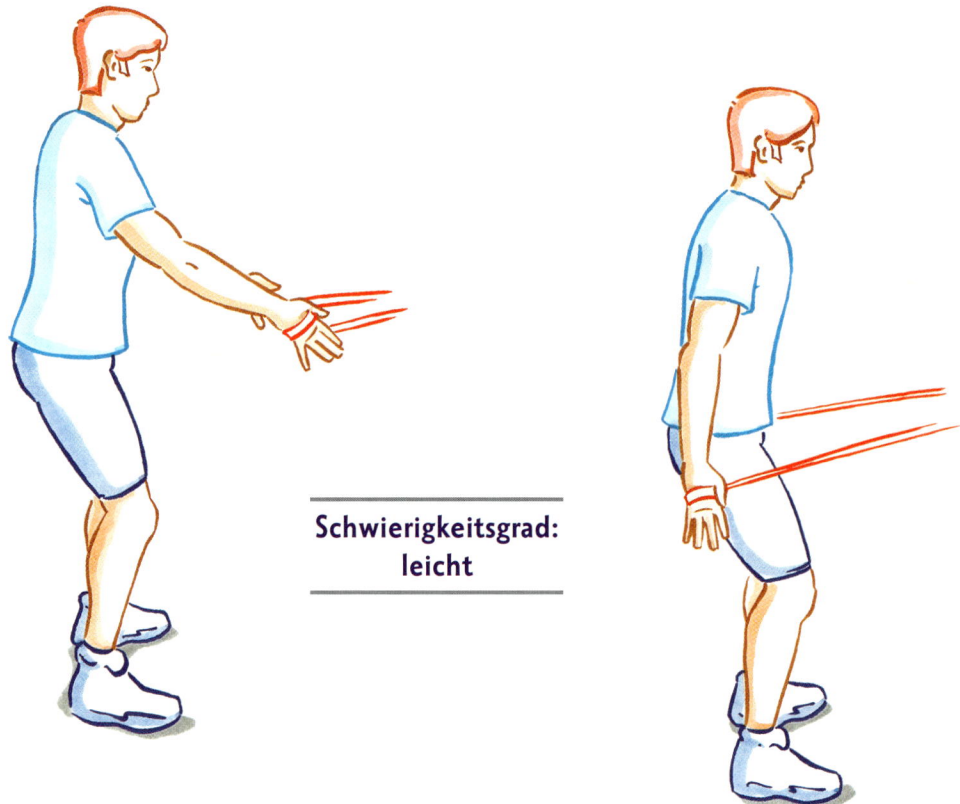

Schwierigkeitsgrad:
leicht

Ausgangsposition

Befestigen Sie das Dyna-Band auf etwa halber Körperhöhe (z. B. an einer Türklinke).

Stellen Sie sich aufrecht, aber locker hin.

Mit den vorgestreckten Armen greifen Sie die beiden Enden des Dyna-Bandes.

Endposition

Ziehen Sie in aufrechter Haltung die gestreckten Arme mit dem Band bis zum Gesäß.

Beine und Hüfte sind während der Übung leicht gebeugt; im Rücken und im Schultergürtel sollte keine Ausweichbewegung stattfinden.

Obere Rückenmuskulatur • Übung 2

Trainingsziel   Kraftausdauer oder Muskelaufbau für Anfänger

Übungsablauf   Muskelaufbau: Wiederholungen: 8–15 • Pause: 1–2 Minuten •
Durchgänge: 3–5
Kraftausdauer: Wiederholungen: 15–30 • Pause: 20–30 Sekunden •
Durchgänge: 3–5

Schwierigkeitsgrad: leicht

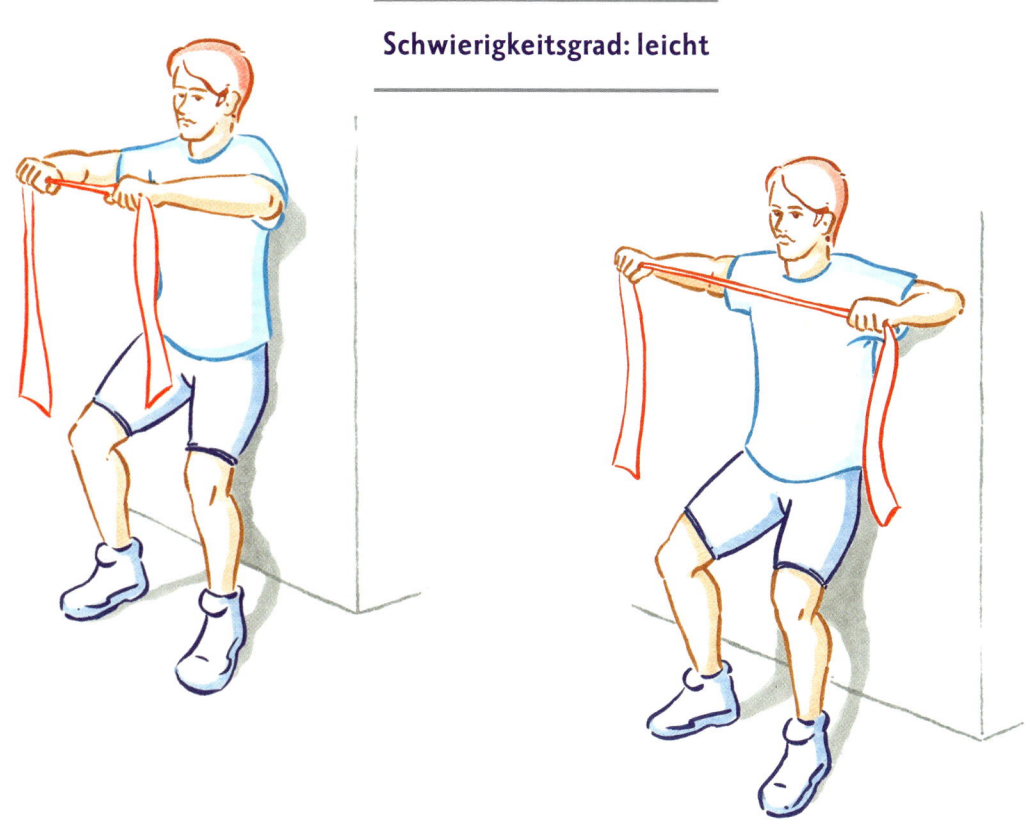

Ausgangsposition

Lehnen Sie sich mit dem gesamten Rücken an eine Wand. Die Beine sind leicht gebeugt, damit Sie festen Stand haben.

Halten Sie das Dyna-Band auf Schulterhöhe gespannt.

Endposition

Ziehen Sie die Ellbogen ebenfalls auf Schulterhöhe gegen den Widerstand des Bandes zur Wand.

Vorsicht: Der Rücken und der Kopf dürfen nicht mitbewegt werden.

Obere Rückenmuskulatur • Übung 3

Trainingsziel   Kraftausdauer oder Muskelaufbau für Anfänger • Kraftausdauer für Fortgeschrittene

Übungsablauf   Muskelaufbau: Wiederholungen: 8–15 • Pause: 1–2 Minuten • Durchgänge: 3–5
Kraftausdauer: Wiederholungen: 15–30 • Pause: 20–30 Sekunden • Durchgänge: 3–5

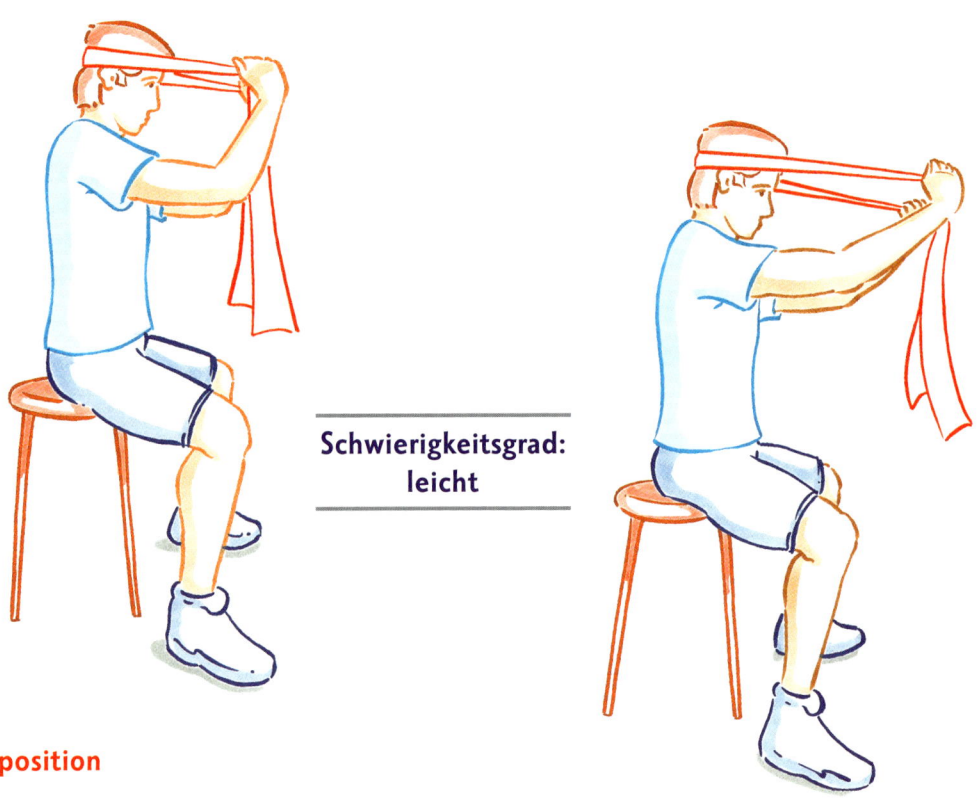

Schwierigkeitsgrad:
leicht

Ausgangsposition

Diese Übung trainiert die obere Rückenmuskukatur bis zum Bereich des Nackens.

Setzen Sie sich gerade auf einen Stuhl.

Schlingen Sie das Dyna–Band um Ihren Hinterkopf, und halten Sie es unter Spannung.

Die Arme sind dabei gebeugt.

Endposition

Strecken Sie die Arme mit dem Band nach vorne aus.

Erhöhen Sie gleichzeitig die Anspannung im Nackenbereich.

Halten Sie den Kopf während der Übung stabil!

Obere Rückenmuskulatur • Übung 4

Trainingsziel   **Muskelaufbau für Anfänger • Kraftausdauer für Fortgeschrittene**

Übungsablauf   **Muskelaufbau: Wiederholungen: 8–15 • Pause: 1–2 Minuten •**
Durchgänge: 3–5
Kraftausdauer: Wiederholungen: 15–30 • Pause: 20–30 Sekunden •
Durchgänge: 3–5

Schwierigkeitsgrad:
mittel

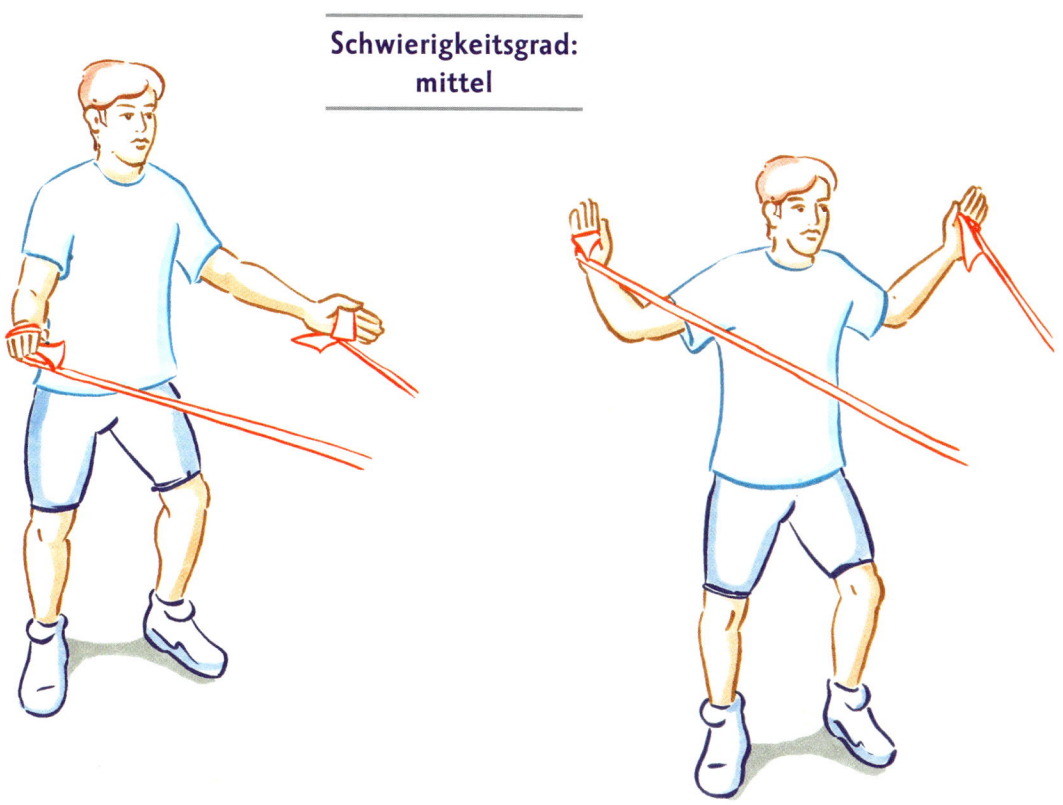

Ausgangsposition

Befestigen Sie das Dyna-Band etwa auf halber Körperhöhe (z. B. an einer Türklinke), und greifen Sie die Enden mit vorgestreckten Armen.

Die Beine sind leicht gebeugt.

Endposition

Ziehen Sie nun das Band bis auf Schulterhöhe nach hinten.

Beine und Hüfte bleiben während der Übung leicht gebeugt; Rücken und Schultergürtel dürfen jedoch nicht mitbewegt werden.

Untere Rückenmuskulatur • Übung

Trainingsziel Kraftausdauer oder Muskelaufbau für Anfänger • Kraftausdauer für
Fortgeschrittene

Übungsablauf Muskelaufbau: Wiederholungen: 8–15 • Pause: 1–2 Minuten •
Durchgänge: 3–5
Kraftausdauer: Wiederholungen: 15–30 • Pause: 20–30 Sekunden •
Durchgänge: 3–5

Schwierigkeitsgrad: mittel

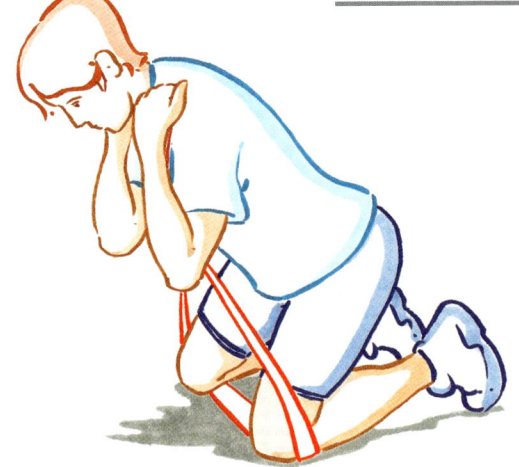

Ausgangsposition

Knien Sie sich auf den Boden. Die Beine
stehen etwa hüftbreit auseinander.

Das Dyna-Band fixieren Sie mit den Knien
und führen die Enden über Kreuz bis zu
den Schultern, wo Sie sie festhalten.

Endposition

Heben und senken Sie den leicht nach
vorne geneigten Oberkörper, indem Sie das
Gesäß in Richtung der Fersen bewegen.

Der Rücken muss gerade gehalten werden;
die Arme halten das Dyna-Band fest.

Seitliche Rumpfmuskulatur • Übung 1

Trainingsziel   Kraftausdauer für Anfänger

Übungsablauf   Wiederholungen: 15–30 • Pause: 20–30 Sekunden • Durchgänge: 3–5

Schwierigkeitsgrad:
leicht

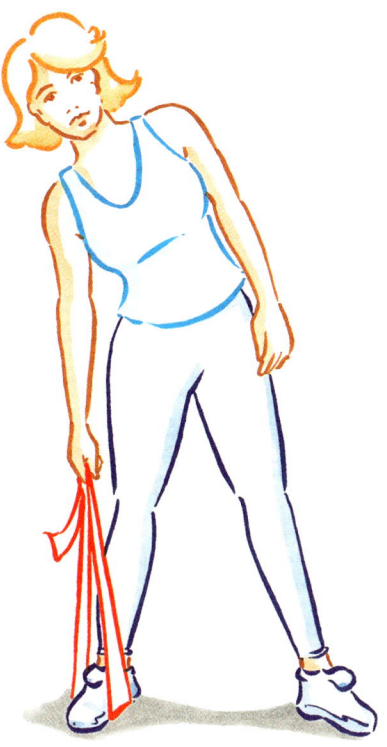

Ausgangsposition

Stellen Sie sich aufrecht hin; Ihre Beine stehen etwas mehr als schulterbreit auseinander.

Mit einem Bein stellen Sie sich in die Mitte des Dyna-Bandes und halten auf der gleichen Seite die Enden des Bandes fest.

Endposition

Neigen Sie den Oberkörper zu dieser Seite, bis die Spannung im Dyna-Band nachlässt.

Gehen Sie nur bis zur Senkrechten wieder zurück, nicht darüber hinaus.

Seitliche Rumpfmuskulatur · Übung 2

Trainingsziel   **Muskelaufbau für Anfänger · Kraftausdauer für Fortgeschrittene**

Übungsablauf   **Muskelaufbau: Wiederholungen: 8–15 · Pause: 1–2 Minuten · Durchgänge: 3–5**
                    Kraftausdauer: Wiederholungen: 15–30 · Pause: 20–30 Sekunden · Durchgänge: 3–5

Ausgangsposition

Legen Sie sich auf die Seite, und winkeln Sie die Beine an.

Stützen Sie sich auf den Unterarm, und legen Sie die Mitte des Dyna-Bandes um die Taille; die Enden fixieren Sie mit dem Ellbogen.

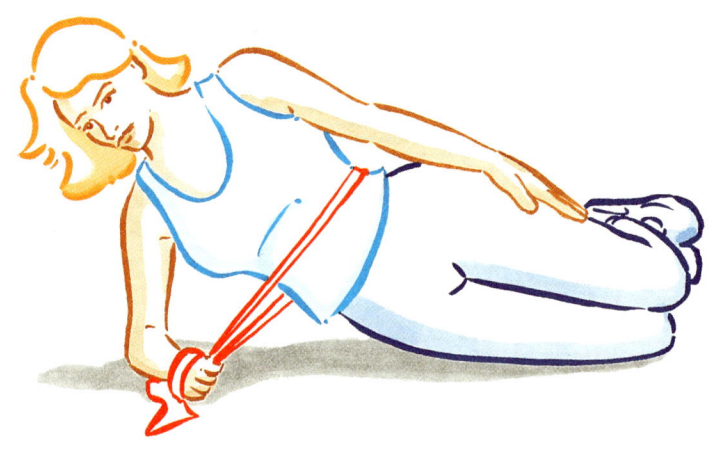

Schwierigkeitsgrad: mittel

Endposition

Heben Sie das Becken an, und legen Sie den freien Arm seitlich an den Körper.

Heben und senken Sie das Becken nur wenig.

Der Oberkörper und der Kopf bewegen sich nicht mit.

Seitliche Rumpfmuskulatur • Übung 2 – Variante

Trainingsziel   Muskelaufbau für Fortgeschrittene/Könner • Kraftausdauer für Könner

Übungsablauf   Muskelaufbau: Wiederholungen: 8–15 • Pause: 1–2 Minuten •
Durchgänge: 3–5
Kraftausdauer: Wiederholungen: 15–30 • Pause: 20–30 Sekunden •
Durchgänge: 3–5

Ausgangsposition

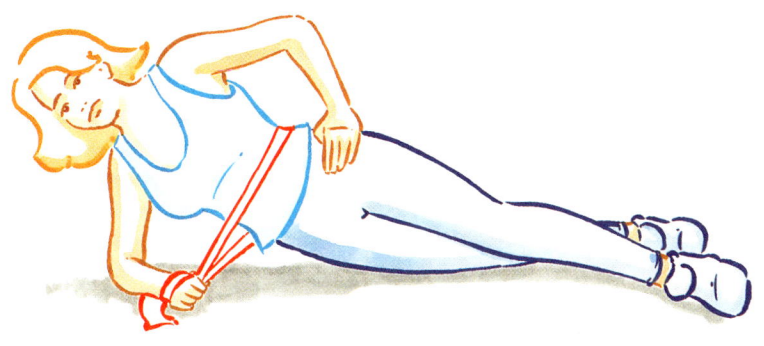

Wie in der vorausgegangenen Übung legen Sie sich auf die Seite, diesmal bleiben die Beine jedoch ausgestreckt.

Stützen Sie sich auf den Unterarm, und legen Sie die Mitte des Dyna-Bandes um die Taille; die Enden fixieren Sie mit dem Ellbogen.

**Schwierigkeitsgrad:
schwer**

Endposition

Heben Sie das Becken an, und stützen Sie den freien Arm seitlich am Körper ab.

Heben und senken Sie das Becken nur wenig.

Der Oberkörper und der Kopf bewegen sich möglichst nicht mit.

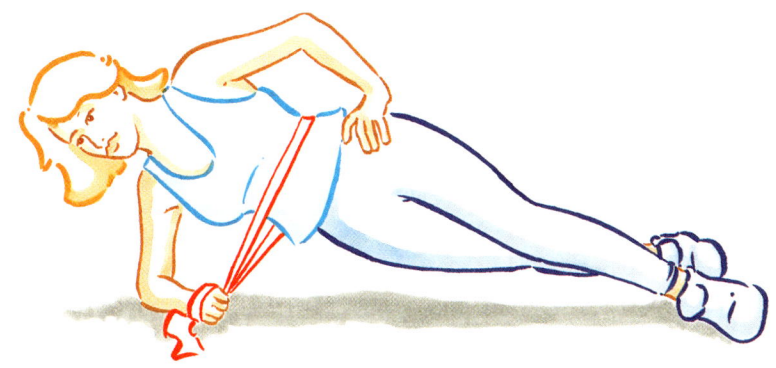

Übungen für die Arm- und Brustmuskulatur

Der gesamte Schultergürtel, bestehend aus Armen und Schulterblätten, ist fast nur durch Muskulatur mit dem Brustkorb verbunden. Deshalb sind gut trainierte Muskeln in diesem Bereich von großer Bedeutung. Bei allen Übungen sowohl der Oberarmvorderseite (Bizeps) als auch der Oberarmrückseite (Trizeps) und der Brustmuskulatur (Pectoralis) sind bei richtiger Ausführung die Muskeln des Schulterblatts mit beteiligt. Achten Sie daher immer auf die genaue Übungsbeschreibung. Eine gut ausgeprägte Schultergürtelmuskulatur kann Funktionsstörungen des Schultergelenks vermeiden helfen und die persönliche Leistungsfähigkeit bei allen körperlichen Aktivitäten steigern.

Oberarmrückseite · Übung 1

Trainingsziel Kraftausdauer für Anfänger

Übungsablauf Wiederholungen: 15–30 · Pause: 20–30 Sekunden · Durchgänge: 3–5

Schwierigkeitsgrad:
leicht

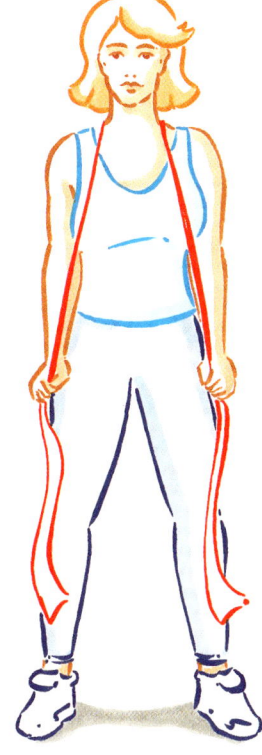

Ausgangsposition

Stellen Sie sich aufrecht hin.

Legen Sie sich die Mitte des Dyna-Bandes um den Hals, und greifen Sie die Enden mit angewinkelten Armen so, dass das Band unter Spannung steht.

Endposition

Strecken Sie die Unterarme aus gebeugter Position nach unten aus. Das Dyna-Band dehnt sich dabei mit.

Der Oberkörper und der Kopf bewegen sich dabei nicht mit.

Oberarmrückseite · Übung 2

Trainingsziel   Muskelaufbau für Anfänger · Kraftausdauer für Fortgeschrittene
Übungsablauf   Muskelaufbau: Wiederholungen: 8–15 · Pause: 1–2 Minuten ·
Durchgänge: 3–5
Kraftausdauer: Wiederholungen: 15–30 · Pause: 20–30 Sekunden ·
Durchgänge: 3–5

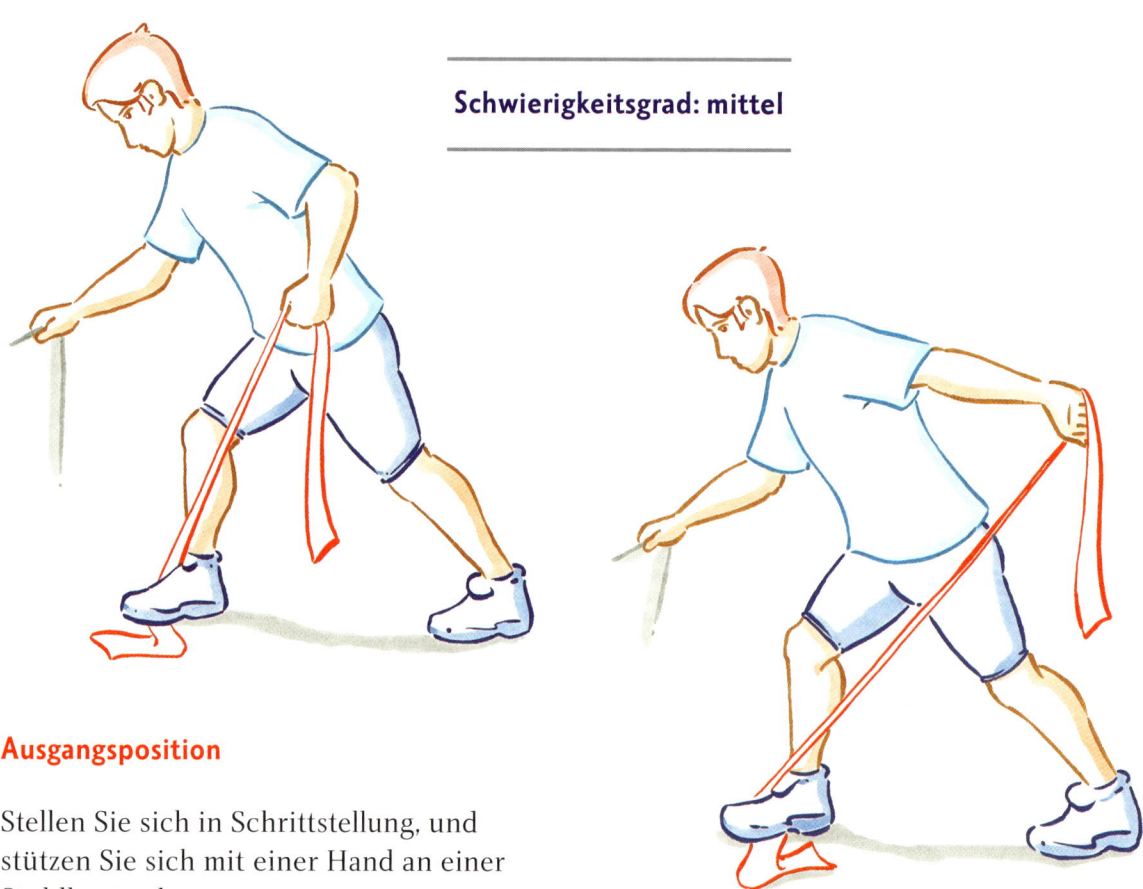

Schwierigkeitsgrad: mittel

Ausgangsposition

Stellen Sie sich in Schrittstellung, und stützen Sie sich mit einer Hand an einer Stuhlkante ab.

Stellen Sie sich mit dem vorderen Fuß auf ein Ende des Dyna-Bandes.

Greifen Sie das andere Ende mit der gegenüberliegenden Hand, und führen Sie den Ellbogen nach oben, bis eine Spannung entsteht.

Endposition

Strecken Sie nun den Unterarm so weit wie möglich gerade nach hinten aus.

Die Beine bleiben in Schrittstellung; der Oberkörper bewegt sich nicht mit.

Oberarmrückseite • Übung 3

Trainingsziel Muskelaufbau für Fortgeschrittene/Könner • Kraftausdauer für Könner

Übungsablauf Muskelkraft: Wiederholungen: 8–15 • Pause: 1–2 Minuten •
Durchgänge: 3–5
Kraftausdauer: Wiederholungen: 15–30 • Pause: 20–30 Sekunden •
Durchgänge: 3–5

Schwierigkeitsgrad:
schwer

Ausgangsposition

Knien Sie sich mit einem Bein hin, das andere Bein stellen Sie auf.

Schlingen Sie die Mitte des Dyna-Bandes um den Knöchel, und greifen Sie hinter Ihrem Rücken nach den Enden. Die Ellbogen liegen neben dem Kopf.

Endposition

Strecken Sie nun die Unterarme so weit wie möglich nach oben aus.

Die Beine und der Oberkörper bewegen sich nicht mit.

Oberarmvorderseite · Übung 1

Trainingsziel   **Kraftausdauer für Anfänger**

Übungsablauf   **Wiederholungen: 15–30 · Pause: 20–30 Sekunden · Durchgänge: 3–5**

Schwierigkeitsgrad: leicht

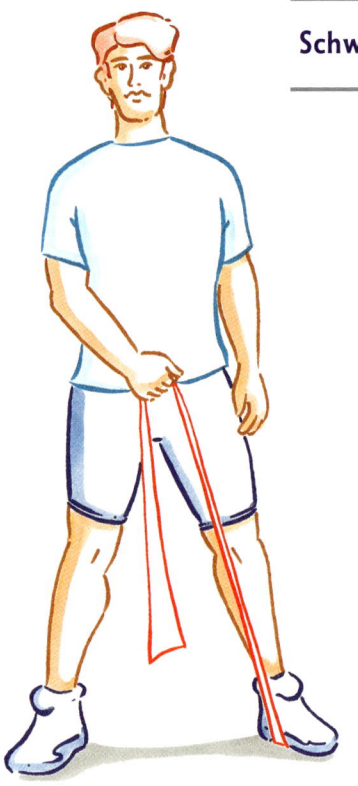

Ausgangsposition

Stellen Sie sich aufrecht hin; die Füße stehen etwas mehr als schulterbreit auseinander.

Mit einem Fuß stellen Sie sich auf ein Ende des Dyna-Bandes.

Greifen Sie das andere Ende mit der gegenüberliegenden Hand.

Endposition

Beugen Sie den Arm, und führen Sie den Unterarm vor dem Körper nach oben, bis das Band ganz straff ist.

Die Beine und der Oberkörper bewegen sich nicht mit.

Oberarmvorderseite • Übung 2

Trainingsziel   **Muskelaufbau für Anfänger • Kraftausdauer für Fortgeschrittene**

Übungsablauf   **Muskelaufbau: Wiederholungen: 8–15 • Pause: 1–2 Minuten •**
Durchgänge: 3–5
Kraftausdauer: Wiederholungen:15–30 • Pause: 20–30 Sekunden •
Durchgänge: 3–5

Ausgangsposition

Legen Sie sich auf den Rücken.

Die Beine winkeln Sie leicht an.

Das Dyna-Band schlingen Sie um die Füße und halten die Enden mit beiden Händen fest.

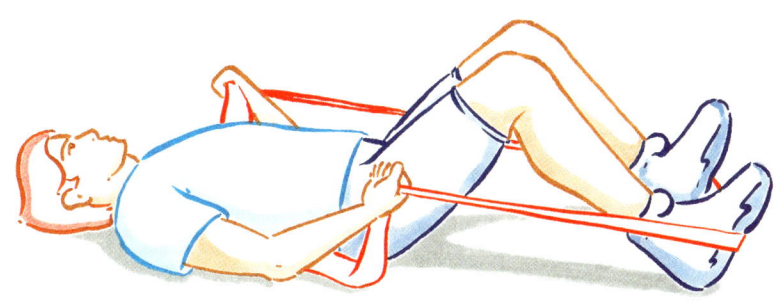

Schwierigkeitsgrad: mittel

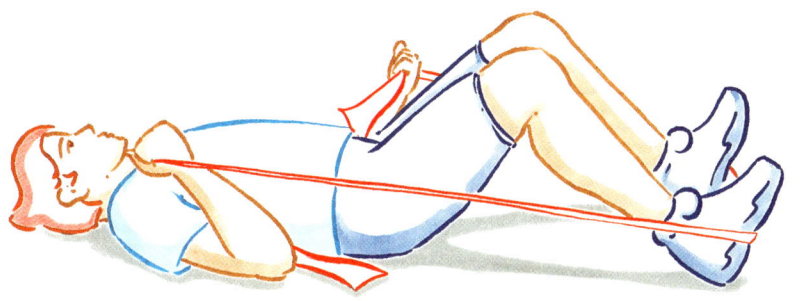

Endposition

Beugen Sie den rechten und linken Arm wechselseitig gegen den Widerstand des Bandes an.

Die Beine und der Oberkörper bleiben in der gleichen Position wie zuvor.

Oberarmvorderseite · Übung 3

Trainingsziel   **Muskelaufbau für Fortgeschrittene/Könner · Kraftausdauer für Könner**

Übungsablauf   **Muskelaufbau: Wiederholungen: 8–15 · Pause: 1–2 Minuten ·
Durchgänge: 3–5
Kraftausdauer: Wiederholungen: 15–30 · Pause: 20–30 Sekunden ·
Durchgänge: 3–5**

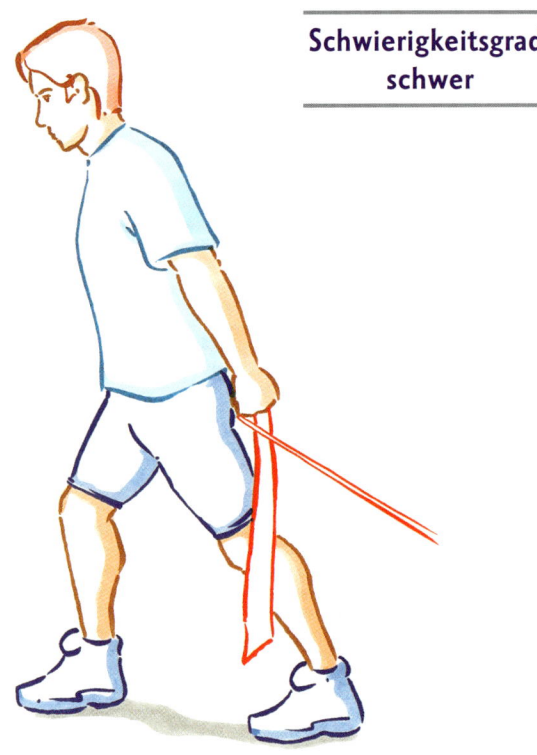

**Schwierigkeitsgrad:
schwer**

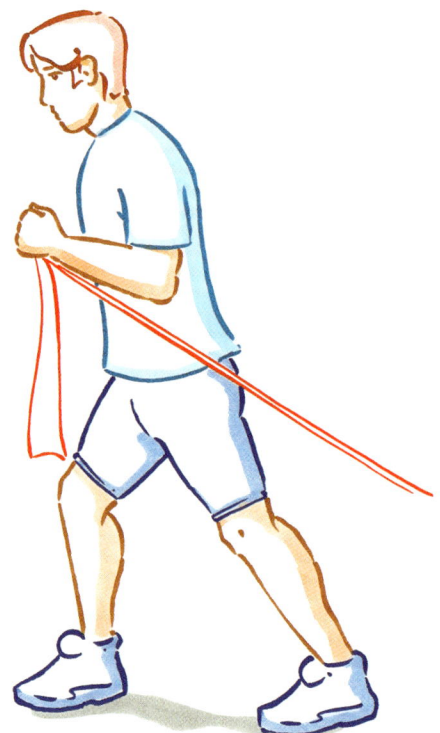

Ausgangsposition

Stellen Sie sich in Schrittstellung auf.

Befestigen Sie das Dyna-Band in etwa
10 Zentimeter Höhe, z. B. an einem Heizkörper.

Greifen Sie das freie Ende, und strecken
Sie den Arm gerade nach hinten aus.

Endposition

Ziehen Sie nun das Dyna-Band nach vorne,
und beugen Sie dabei den Unterarm.

Der Oberarm verändert seine Stellung
dabei nicht.

Übungen für die Schultermuskulatur • Übung 1

Trainingsziel   Maximalkraft für Anfänger • Kraftausdauer für Fortgeschrittene

Übungsablauf   Muskelaufbau: Wiederholungen: 8–15 • Pause: 1–2 Minuten •
Durchgänge: 3–5
Kraftausdauer: Wiederholungen: 15–30 • Pause: 20–30 Sekunden •
Durchgänge: 3–5

Schwierigkeitsgrad: mittel

 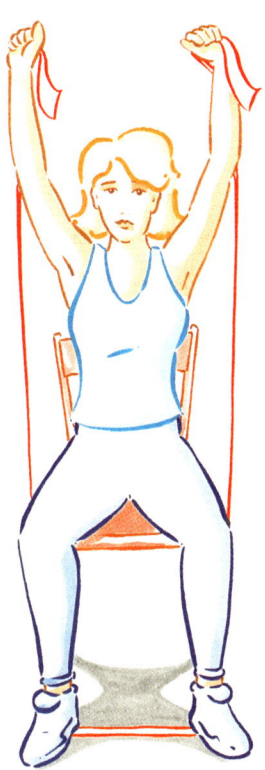

Ausgangsposition

Setzen Sie sich auf einen Stuhl, und stellen Sie die Füße etwas mehr als schulterbreit auseinander in die Mitte des Dyna-Bandes.

Die Enden des Dyna-Bandes führen Sie seitlich am Körper vorbei und greifen sie mit angewinkelten Armen.

Endposition

Strecken Sie die Arme über den Kopf so weit wie möglich nach oben aus.

In der obersten Position schauen die Handrücken nach hinten.

Übungen für die Schultermuskulatur • Übung 2

Trainingsziel   Muskelaufbau für Anfänger • Kraftausdauer für Fortgeschrittene

Übungsablauf   Muskelaufbau: Wiederholungen: 8–15 • Pause: 1–2 Minuten •
Durchgänge: 3–5
Kraftausdauer: Wiederholungen: 15–30 • Pause: 20–30 Sekunden •
Durchgänge: 3–5

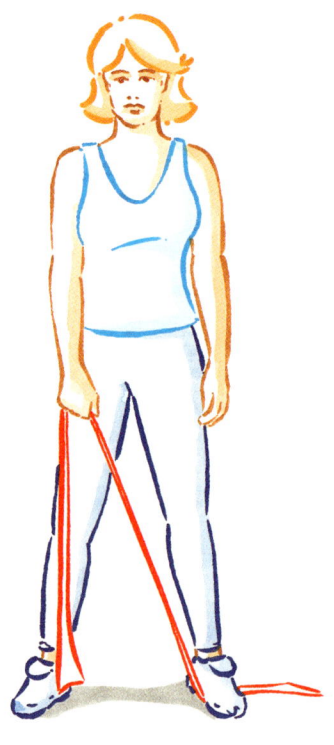

Schwierigkeitsgrad:
mittel

Ausgangsposition

Stellen Sie sich aufrecht hin; die Füße stehen etwas mehr als schulterbreit auseinander.

Mit einem Fuß stehen Sie auf einem Ende des Dyna-Bandes. Greifen Sie das andere Ende mit der gegenüberliegenden Hand, ohne sich zu bücken.

Endposition

Führen Sie den Arm mit dem Band bis auf Schulterhöhe seitlich nach oben.

Oberkörper und Beine bewegen sich dabei nicht mit.

Übungen für die Brustmuskulatur · Übung 1

Trainingsziel Kraftausdauer für Anfänger

Übungsablauf Wiederholungen: 15–30 · Pause: 20–30 Sekunden · Durchgänge: 3–5

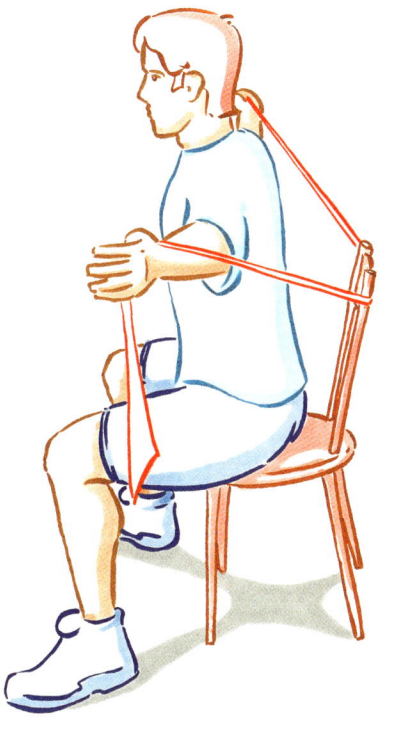

Schwierigkeitsgrad: leicht

Ausgangsposition

Setzen Sie sich aufrecht auf einen Stuhl, und legen Sie die Mitte des Dyna-Bandes um die Lehne.

Greifen Sie die Enden, und halten Sie die Arme seitlich auf Schulterhöhe.

Endposition

Führen Sie nun die Arme auf Schulterhöhe nach vorne, bis das Band straff ist.

Der Rücken sollte gerade bleiben und sich nicht mitbewegen.

Übungen für die Brustmuskulatur • Übung 2

Trainingsziel   Kraftausdauer für Anfänger

Übungsablauf   Muskelaufbau: Wiederholungen: 8–15 • Pause: 1–2 Minuten • Durchgänge: 3–5
Kraftausdauer: Wiederholungen: 15–30 • Pause: 20–30 Sekunden • Durchgänge: 3–5

Ausgangsposition

Legen Sie sich auf den Rücken.

Das Dyna-Band führen Sie unter Ihrem Rücken nach vorne über die Schulterblätter und bringen es mit beiden Händen auf Spannung.

Schwierigkeitsgrad: leicht

Endposition

Strecken Sie jetzt Ihre Arme auf Schulterhöhe nach oben durch.

Die Beine sind angewinkelt; Rücken und Schultern liegen auf dem Boden auf.

Übungen für die Brustmuskulatur • Übung 3

Trainingsziel   Muskelaufbau für Fortgeschrittene/Könner • Kraftausdauer für Könner

Übungsablauf   Muskelaufbau: Wiederholungen: 8–15 • Pause: 1–2 Minuten • Durchgänge: 3–5
Kraftausdauer: Wiederholungen: 15–30 • Pause: 20–30 Sekunden • Durchgänge: 3–5

Ausgangsposition

Legen Sie sich auf den Boden, und schlingen Sie die Mitte des Dyna-Bandes über den Rücken.

Die Enden fixieren Sie zu beiden Seiten mit Ihren Händen.

Stützen Sie sich auf den Händen und den Knien ab; die Füße sind aufgestellt.

Schwierigkeitsgrad:
schwer

Endposition

Gehen Sie nun in den Liegestütz, indem Sie die Arme beugen.

Vorsicht: Kein Hohlkreuz machen!

Dehnungsübungen

Zur Durchführung der Dehnungsübungen beachten Sie bitte folgende Regeln:

■ Dehnen Sie nach einer Trainingseinheit (= die an einem Tag hintereinander absolvierten Übungen) etwa 20–60 Sekunden je Übung und wiederholen Sie diese dreimal.

■ Achten Sie auf eine entspannte Ausgangsstellung. Sorgen Sie daher für eine bequeme Unterlage (Gymnastikmatte, Isomatte).

■ Vor allem die trainierten Muskelgruppen sollten ausgiebig gedehnt werden.

■ Vermeiden Sie ruckartige Bewegungen: Gehen Sie langsam in die Endposition, bis Sie ein leichtes Ziehen spüren. Schmerz sollte dabei auf jeden Fall vermieden werden!

Allgemein gilt: Häufiger und schonend dehnen ist wesentlich effektiver, als unter Zeitdruck und mit falschem Ehrgeiz möglichst viel erreichen zu wollen!

Beinbeugemuskulatur

Übungsablauf   Dauer: 20–30 Sekunden pro Bein • Durchgänge: 3 pro Bein

Ausgangsposition

Legen Sie sich auf den Rücken, winkeln Sie ein Bein an, und ziehen Sie es in Richtung Oberkörper.

Das andere Bein bleibt dabei gestreckt am Boden liegen. Fixieren Sie mit den Händen den Oberschenkel.

Versuchen Sie nun, aus dieser Position langsam das Kniegelenk zu strecken, bis die Dehnung spürbar wird.

Lassen Sie die Fußspitzen entspannt.

Endposition

Achten Sie darauf, dass das am Boden aufliegende Bein bei der Übung durchgestreckt bleibt!

Oberschenkelstreckmuskulatur

Übungsablauf   Dauer: 20–60 Sekunden • Durchgänge: 3 pro Bein

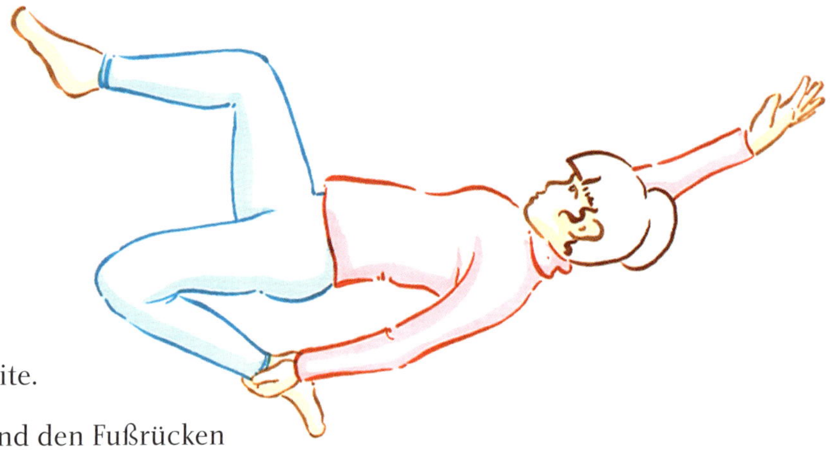

Ausgansposition

Legen Sie sich auf die Seite.

Greifen Sie mit einer Hand den Fußrücken des oberen Beines. Das untere Bein liegt dabei nach vorne gestreckt am Boden auf.

Strecken Sie zunächst die Hüfte, und ziehen Sie dann langsam die Ferse zum Gesäß.

Das gedehnte Bein sollte dabei parallel zum Boden gehalten werden.

Endposition

Vorsicht: Vermeiden Sie eine Ausweichbewegung der Lendenwirbelsäule ins Hohlkreuz!

Oberschenkelinnenseite

Übungsablauf Dauer: 20–60 Sekunden • Durchgänge: 2–3

Ausgangsposition

Führen Sie diese Übung an eine Wand gestützt aus: Gesäß und Lendenwirbelsäule sollten dabei aufliegen.

Ziehen Sie im Sitzen beide Fersen mit den Händen zum Gesäß.

Versuchen Sie zunächst die Wirbelsäule möglichst gerade aufzurichten, sodass der gesamte Rücken Kontakt zu Wand bekommt.

Endposition

Aus dieser Position führen Sie die Kniegelenke nach außen in Richtung Boden.

Schaffen Sie es nicht, die Wirbelsäule ganz aufzurichten, dann ziehen Sie die Fersen nicht zu nahe Richtung Gesäß.

Drehdehnlage

Übungsablauf   Dauer: 20–60 Sekunden • Durchgänge: 3 pro Seite

Ausgangsposition

Die Drehdehnlage dehnt die Gesäß- und Rückenmuskulatur.

Legen Sie sich auf die Seite.

Beugen Sie das obere Bein und halten es mit dem unteren Arm am Boden. Das untere Bein bleibt gestreckt.

Endposition

Drehen Sie langsam die Schulter mit gestrecktem Arm nach hinten.

Vorsicht: Das Kniegelenk des oberen Beines muss während der Dehnung am Boden liegen bleiben.

Rückenstreckmuskulatur

Übungsablauf   **Dauer: 20–60 Sekunden • Durchgänge: 3**

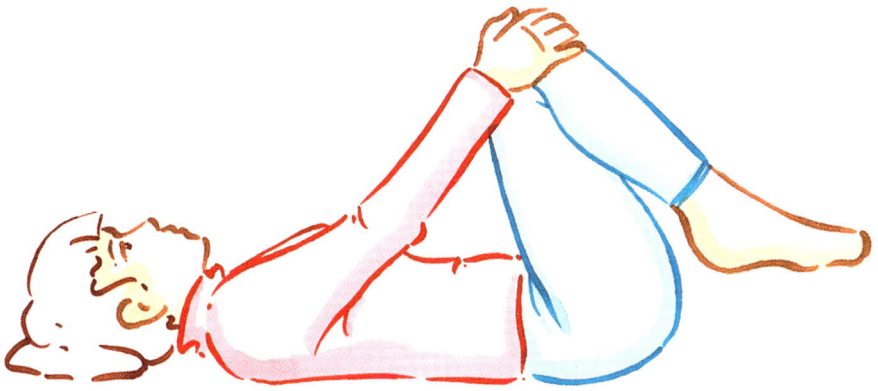

Ausgangsposition

Legen Sie sich auf den Rücken.

Beugen Sie beide Beine so weit an, dass die Oberschenkel den Oberkörper berühren.

Umfassen Sie von außen mit den Händen die Kniegelenke.

Endposition

Ziehen Sie die Beine weiter zum Oberkörper, und schieben Sie den Kopf zwischen die Knie.

Versuchen Sie, sich so klein wie möglich zu einem »Päckchen« zusammenzurollen.

Seitliche Rumpfmuskulatur

Übungsablauf   Dauer: 20–60 Sekunden · Durchgänge: 3

Ausgangsposition

Legen Sie sich auf den Rücken; ein Arm liegt über dem Kopf.

Der Gegenarm liegt am Boden

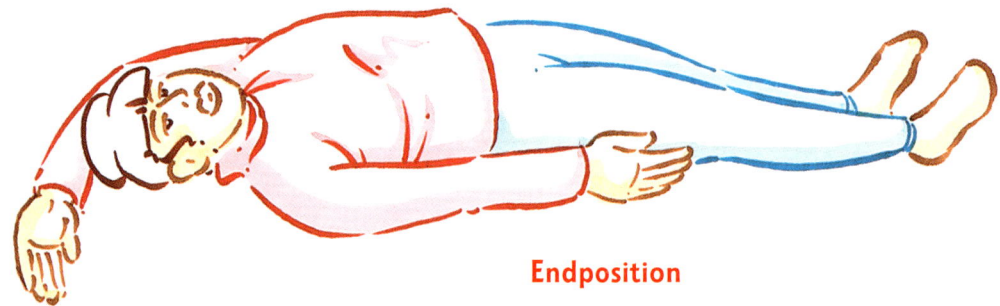

Endposition

Neigen Sie den gesamten Körper auf eine Seite, indem Sie den oberen gebeugten Arm zur Gegenseite schieben.

Halten Sie die Position für etwa 20–60 Sekunden pro Körperseite.

Achten Sie darauf, dass der gesamte Körper Kontakt zum Boden hat.

Seitliche Halsmuskulatur

Übungsablauf   Dauer: 20–60 Sekunden pro Seite • Durchgänge: 3 pro Seite

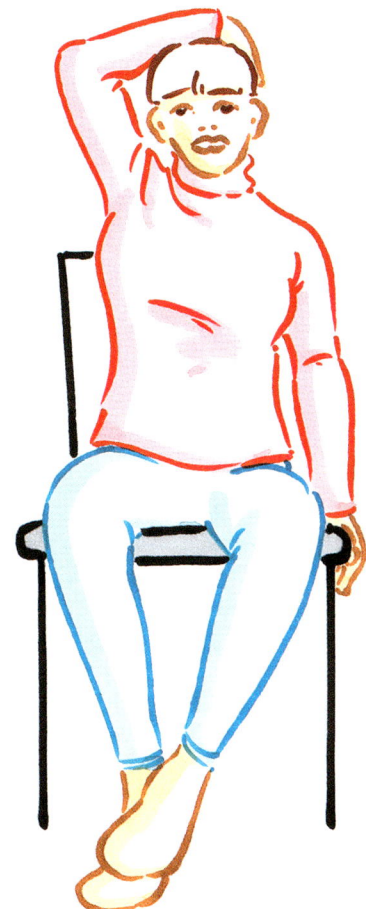

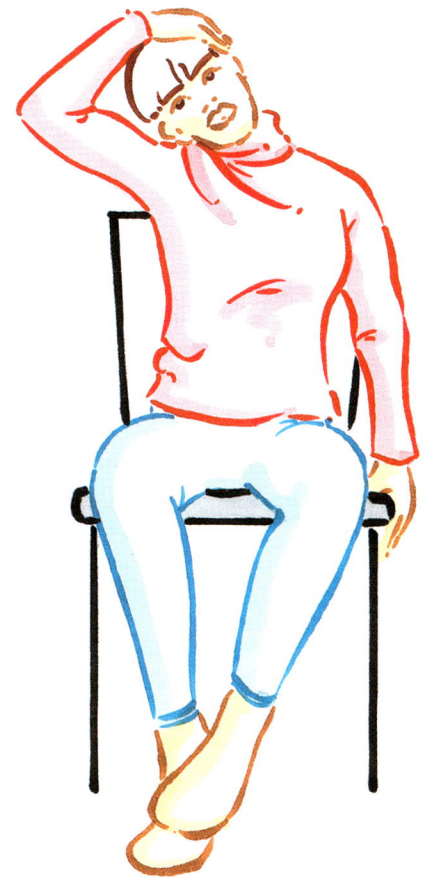

Endposition

Ziehen Sie den Kopf sanft (!) und ohne großen Kraftaufwand (!) in die Seitneige, bis Sie eine leichte Dehnung spüren.

Die weitere Dehnung erfolgt über eine leichte Seitneigung des Oberkörpers.

Die Intensität der Dehnung wird über die Seitneigung des Oberkörpers reguliert, nicht über starken Zug am Kopf!

Ausgangsposition

Setzen Sie sich auf einen Stuhl.

Fassen Sie mit einer Hand an die Sitzfläche.

Mit der anderen Hand greifen Sie über den Kopf zum gegenüberliegenden Ohr.

Schulter- und Armmuskulatur

Übungsablauf   Dauer: 20–60 Sekunden • Durchgänge: 3

Ausgangsposition

Stellen Sie sich in einen Türrahmen.

Legen Sie einen Unterarm mit der Kleinfingerkante der Hand an dem Türrahmen an.

Der Oberarm ist waagrecht.

Endposition

Drehen Sie nun den Rumpf vom Arm weg, bis Sie eine Dehnung in der Brustmuskulatur spüren.

Variieren Sie die Griffhöhe, indem Sie den Oberarm etwas oberhalb und unterhalb der Waagrechten positionieren.

Achten Sie während der gesamten Übung auf einen geraden Rücken!

Über dieses Buch

Die Autoren

Christof Baur, geboren 1965, ist Diplomsportlehrer für Prävention und Rehabilitation sowie Magister Artium (M. A.) der Sportpädagogik, Psychologie und Pädagogik. Er ist im Therapie- und Trainingszentrum Friedberg tätig und Dozent an einer Berufsfachschule für Physiotherapie.

Bernd Thurner, geboren 1970, ist Diplomsportlehrer für Prävention und Rehabilitation. Zur Zeit ist er im Therapie- und Trainingszentrum Friedberg tätig.

Die Autoren danken dcm Therapie- und Trainingszentrum Friedberg für die Unterstützung.

Wichtiger Hinweis

Die im Buch veröffentlichten Ratschläge wurden mit größter Sorgfalt von Verfassern und Verlag erarbeitet und geprüft. Eine Garantie kann jedoch nicht übernommen werden. Ebenso ist eine Haftung der Verfasser bzw. des Verlages und seiner Beauftragten für Personen-, Sach- oder Vermögensschäden ausgeschlossen.

Bildnachweis

Image Bank Bildagentur GmbH, München: 18 (de Lossy); Mauritius Die Bildagentur GmbH, Mittenwald: 17 (Schlief); Inge Ofenstein, München: 2, 4, 5; PhotoDisc, Seattle/Hamburg: 4/16; Tony Stone Associates GmbH, München: 9 (Errington), 28 (Monneret), 29 (Madison), 32 (Darell), 33 (Madison), 41 (Adamski Peek). Titel: Jump, Hamburg (Vey); Einklinker: Inge Ofenstein, München, Umschlagrückseite: Inge Ofenstein, München

Literatur

Buskies W./Boeckh-Behrens W.-U.: Gesundheitsorientiertes Fitnesstraining. Band 2. Wehdemeier & Pusch Verlag. Lüneburg 1995

De Marées, H.: Sportphysiologie. Tropon Werke. Bochum 1989

Hamm, M.: Das große Buch der Diäten. FIT FOR FUN – Verlag. Hamburg 1995

Luczak, H.: Fett – Der Stoff, aus dem die Pfunde sind. In: Geo 6/99. Gruner + Jahr AG & Co Druck- und Verlagshaus. Hamburg 1999

Radlinger, L.: Rehabilitative Trainingslehre. Georg Thieme Verlag. Stuttgart, New York 1998

Redener, C.: 12 Geheimnisse schlanker Männer. In: Men's Health 5/99. Rodale-Motor Presse GmbH+Co.KG Verlagsgesellschaft. Stuttgart 1999

Impressum

Midena Verlag, München 2000
© Weltbild Ratgeber Verlage GmbH & Co. KG, Augsburg

Redaktion: agentur Z, München
Bildredaktion: Susanne Allende
Umschlag: Christa Gross, München
Innenlayout/Satz: KL-Grafik, München
Illustrationen: ENTE Andreas Endres, Mönchengladbach
Reproduktion: Repro Mayr, Donauwörth
Druck und Bindung: Druckerei Appl, Wemding

Gedruckt auf chlorfrei gebleichtem Papier

Printed in Germany

ISBN 3-310-00630-1

Stichwort-
verzeichnis